Camilla Jensen

Nordische Lebenskunst

Meine vegetarische
und vegane Küche

Verlag Freies Geistesleben

Aus dem Norwegischen von Maike Dörries

Mit Fotos von Camilla Jensen

1. Auflage 2015

ISBN 978-3-7725-2660-2

Verlag Freies Geistesleben
Landhausstraße 82, 70190 Stuttgart
www.geistesleben.com

Die Originalausgabe erschien 2013 unter dem Titel *Groent*
im Gyldendal Norsk Forlag, Oslo

Umschlagenturf: Thomas Neuerer
Druck: Himmer, Augsburg
Printed in Germany

Inhalt

Komm, lieber Mai, und mache die Bäume wieder grün!

Im Winter habe ich die Wurzeln unseres kleinsten Apfelbaumes mit einer dicken Schicht Kompost abgedeckt und ein paar runde, dicke Steine daraufgelegt, damit er keine kalten Füße kriegt und das Unkraut keine Chance hat. Wenige Wochen später steht der bezaubernde kleine Baum in voller Blütenpracht, und ich bin mir sicher, dass er in diesem Jahr wegen meiner guten Pflege besonders schön und lange blüht.

Im Laufe des Sommers säe ich Dill für die neuen Kartoffeln und lade Freunde zu einem Kartoffelfest in meinen Garten ein. Und wir probieren uns von der Erde zum Tisch durch das reichhaltige Angebot und schätzen uns über alle Maße glücklich über diesen grünen Fleck auf unserem wunderbaren Planeten, den wir pflegen dürfen.

Lebensmittel

Ob der Mensch als Fleisch- oder Pflanzenfresser erschaffen wurde, ist schon immer ein Streitpunkt unter Gelehrten und Ungelehrten gewesen, und ich habe nicht vor, mich in diese Debatte einzuklinken oder jemanden von dem einen oder anderen zu überzeugen. Über *einen* Fakt sind sich kluge Menschen allerdings schon lange einig: nämlich dass möglichst viel pflanzliche Kost sich gleichermaßen positiv auf unseren Körper und unseren Planeten Erde auswirkt. Darum ist es mir ein großes Anliegen, all diejenigen zu inspirieren, die mehr Obst und Gemüse in ihren Essensplan einbauen wollen.

Als Erdbewohnerin, Mitmensch, Mutter, Ernährungsberaterin und Kochfreak möchte ich mit diesem Buch mit anderen meine Begeisterung für die Früchte unserer Erde teilen, der Hauptzutat für alle Mahlzeiten des Tages – ob Sie nun Vegetarier sind oder das Gemüse zu Fleisch, Fisch oder Geflügel essen.

Wenn ich die Möglichkeit habe, entscheide ich immer ökologisch, weil natürlich angebaute Lebensmittel eine höhere Qualität haben und intensiver und besser schmecken als solche, die mit Kunstdünger und Spritzmitteln behandelt wurden. Und abgesehen von dem Wissen über Ernährung, Landwirtschaft, Produktion und Gesundheit, die ich mir im Laufe der Zeit angeeignet habe, möchte ich für mich und meine Kinder Lebensmittel, die nicht schneller als ihr eigener Schatten wachsen, sondern Zeit genug haben, satt Nährstoffe aus der Erde in sich aufzunehmen, und die obendrein die Umwelt, in der sie wachsen, nicht belasten. Naturnahe Lebensmittel sind schlicht und ergreifend nachhaltiger für die Erde und für uns, die wir auf ihr leben. Darum appelliere ich an alle, sich ökologisch zu entscheiden, wenn man die Wahl hat. Obwohl ich etwas kleinlaut zugeben muss, dass ich selbst es als große Herausforderung empfinde, mich so hoch im Norden an die regional produzierten, saisonalen Lebensmittel zu halten. Es gibt immer noch etliche Zutaten in meiner Küche, deren Transportweg sicher verkürzt werden könnte.

So versuche ich, in meinen Rezepten weitgehend auf exotische Zutaten zu verzichten, und wähle, soweit es sich einrichten lässt, Lebensmittel mit kurzen Transportwegen, die möglichst sanfte Spuren in der Umwelt hinterlassen. Und aus Respekt vor all den Menschen, die die Lebensmittel anbauen und produzieren, die wir verzehren, ist es für mich eine Selbstverständlichkeit, fair einzukaufen. Indem wir dort, wo wir einkaufen, immer wieder nach nachhaltigen Waren fragen, senden wir ein wichtiges Signal an Produzenten, Großhändler und Lieferanten, dass wir Lebensmittel wollen, die fair und naturnah angebaut und produziert werden.

Den Sommer hindurch bis weit in den Herbst hinein gehe ich zu einem Hof in der Nähe, wo ich das Obst und Gemüse selber ernten kann. Für mich gehört das zu den besonders befriedigenden Höhepunkten des Jahres. Natürlich lässt es sich nicht mit dem Gefühl vergleichen, auf dem eigenen Acker sein Gemüse zu ziehen, aber für die meisten von uns ist es der einzige direkte Zugang zu regional produzierten Lebensmitteln.

Ein Küchengarten ist nicht nur privilegierten Besitzern eines eigenen Grundstücks oder Gartens vorbehalten. Mit ein wenig Fantasie und Geduld kann selbst das bescheidenste Fensterbrett zur überbordenden grünen Oase werden. Im Internet gibt es unzählige Anregungen zum Kräuter- oder Gemüseziehen, selbst in einem Wohnblock ohne Balkon. Surfen Sie und lassen Sie sich inspirieren! Und wer weiß, vielleicht ist ihr neu gewonnenes Hobby ja der Antrieb für ein gemeinsames Gartenprojekt im Hinterhof – mit einem hübschen Gewächshaus, das gleichzeitig Gemeinschaftsraum und Treffpunkt für die Bewohner ist. Ich selbst beobachte mit großer Freude die grüne Stadtentwicklung auf unserem Globus mit urbanem Gartenbau und Gewächshäusern, die die Bewohner der nördlichen Halbkugel das ganze Jahr über mit lokal angebauten und produzierten exotischen Lebensmitteln versorgen könnten. Eines jedenfalls steht fest – die Zukunft muss grüner werden. Der Beginn des nächsten grünen Projektes in Ihrer Nähe ist nur einen initiativen Schritt entfernt!

Das Salz und das Öl des Lebens

Bei den grundlegenden Zutaten unserer Ernährung und des Lebens allgemein bin ich sehr wählerisch und eigen – um des Geschmacks und der Gesundheit willen. Mit *grundlegend* meine ich die essenziellen Zutaten für ein Gericht oder eine Mahlzeit; sie sind Geschmacksträger und entscheidend für das kulinarische Erlebnis, die Protagonisten von fast allem, was ich zubereite und zu mir nehme, von dem ich mir also im Laufe eines Jahres oder Lebens große Mengen einverleibe, sozusagen die Säulen der Ernährung.

In meiner Küche gibt es zwei Zutaten, die absolut nicht wegzudenken sind: Salz und Öl. Die meisten Menschen, die jemals mit mir zusammen gekocht haben, werden bestätigen, dass ich mit beidem großzügig bin. Zum Erstaunen vieler verwende ich Öl in großen Mengen (inwendig und äußerlich) bei der Essenszubereitung, und in einem meiner Kochkurse habe ich den Spitznamen Saltkråkan («Salzkrähe», in Anlehnung an Astrid Lindgrens Buch *Ferien auf Saltkrokan*) bekommen, den ich mit Stolz trage.

Viele von uns haben gelernt, dass zu viel Salz im Essen schädlich ist, und verwenden es möglichst sparsam. Das ist auch generell richtig. Das Salz jedoch, mit dem ich um mich streue, ist eine wertvolle Ergänzung unserer Ernährung. Handelsübliches Tafelsalz besteht aus zwei chemisch hergestellten Bestandteilen – Natrium und Chlorid –, die zu einem belastenden Ungleichgewicht in unserem Blut führen, das permanent ausgeglichen werden muss. Eine unschöne Begleiterscheinung davon ist erhöhter Blutdruck, eine andere der Mangel wichtiger Mineralien. Unraffiniertes Meer- oder Steinsalz dagegen trocknet, ohne die chemischen Prozesse des Bleichens zu durchlaufen, in denen Einzelstoffe entzogen werden. Mir gefällt die Vorstellung, dass ich mir über das Salz ein ausgeglichenes Spektrum aller Mineralien einverleibe, die der Körper braucht, ohne die fein abgestimmten Mechanismen des Körpers durcheinanderzubringen oder zu stören. Doch auch wenn man unraffiniertes Meer- oder Steinsalz verwendet, sollte man beim Salzen Maß halten; das gilt besonders für Menschen, die zu Bluthochdruck neigen. Die Zufuhr an Salz sollte generell möglichst bei unter 6 g pro Tag liegen (nähere Informationen finden Sie z.B. unter www.ugb.de/lebensmittel-zubereitung/salz/druckansicht.pdf). Sie werden feststellen, dass auch die feinen geschmacklichen Nuancen der Speisen besser zum Tragen kommen, wenn Sie viel mit verschiedenen frischen Kräutern und anderen Gewürzen kochen. Dafür finden Sie in den folgenden Rezepten reichlich Anregungen.

Wenn ich mich für ein einziges Öl in meinem Leben entscheiden müsste, fiele meine Wahl auf Olivenöl – flüssiges grünes Gold, vielseitig verwendbar, von der Körperpflege bis zur Medizin, aber vor allen Dingen in der Essenszubereitung. Kalt gepresstes Olivenöl ist reich an Vitamin E und K und enthält viele gute Fettstoffe, die nicht an Reichhaltigkeit verlieren, solange man das Öl nicht fürs Braten oder extrem hohe Temperaturen nimmt. Ich verwende in meiner Küche also hauptsächlich Olivenöl, habe aber auch immer Kokosöl extra vergine vorrätig, Sesamöl (nicht die geröstete Variante mit dem intensiv nussigen Geschmack), eine kleine Kanne Trüffelöl (als Gewürz) und Walnussöl für Salate und Lebensmittel, die nicht erhitzt werden. Fürs Frittieren verwende ich ein hitzebeständiges Öl wie Erdnuss- oder Sonnenblumenöl. Andere ziehen speziell dafür hergestelltes Rapsöl vor, aber ich persönlich kann mich nicht an den Geschmack von Raps gewöhnen.

Bevor Sie sich nun also mit diesem Buch ans Kochen begeben, schlage ich Ihnen vor, einen Beutel unraffiniertes Meer- oder Steinsalz und eine große Flasche Olivenöl extra vergine zu kaufen.

Mengen und Maßangaben

Meine Rezepte sind in der Regel für **4–6 Personen** ausgelegt (je nachdem, wie hungrig die Gäste sind). Bei einigen Rezepten, für die das nicht zutrifft, finden Sie eine gesonderte Angabe über die Zahl der Portionen.

Es ist eine Spezialität der nordischen Küche, bei den Rezepten die benötigte Menge – das Volumen – in Liter (l) und Deziliter (dl) anzugeben. Hierzulande gibt man dagegen üblicherweise das Gewicht der Zutaten an und arbeitet mit Kilogramm (kg) und Gramm (g). Auch die Menge an Kräutern beispielsweise erscheint in skandinavischen Rezepten normalerweise in Liter-Angaben; das mag für einen Mitteleuropäer zunächst seltsam aussehen.

Als Hilfestellung sind die benötigten Mengen in den folgenden Rezepten daher oft noch in «Tassen» umgerechnet worden; das soll für Sie eine zusätzliche Orientierung zu den Angaben in dl und l sein. **1 Tasse sind etwa 2 dl.** Allerdings haben Tassen keine Normgröße – zum Glück –, und so sind diese Hinweise nur als ungefährer Richtwert zu verstehen. Ich bin kein Freund von genauen Gramm-Angaben in der Küche; für Ihre eigene Kreativität bleibt also genügend Spielraum ...

Sie können sich auch, wenn es für Sie eine Hilfe ist, ein größeres Gefäß mit entsprechenden Volumen-Angaben zulegen und damit die benötigten Mengen ermitteln.

Sprossen und Keimlinge

Sprossen und Keimlinge gehören zu den nährstoffreichsten Lebensmitteln. In ihnen liegt der Keim neuen Lebens – alles, was es braucht, um eine neue kleine Pflanze zu bilden. Das Ziehen von Sprossen, Keimlingen und Hülsenfrüchten (Bohnen und Erbsen) erweitert das Spektrum der Nährstoffe und macht sie leichter verdaulich. Es ist ein denkbar einfaches und inspirierendes Gärtnerprojekt, zu dem man nicht mehr braucht als ein etwas größeres Einmachglas, ein Stück Baumwollstoff und ein Gummiband. Kaum eine Hülsenfrucht lässt sich durch eine regelmäßige Wasserdusche nicht zum Leben erwecken. Mungobohnen, Alfalfa (Saat-Luzerne), grüne und braune Linsen, Adzukibohnen und Kichererbsen keimen schnell und bringen eine hohe Ausbeute, eignen sich also gut für den Anfang.

Ein hohes Glas zu einem Drittel mit den gewünschten Samen, mit frischem Leitungswasser auffüllen und die Samen über Nacht quellen lassen. Ein Sieb über die Glasöffnung legen und das Einweichwasser abgießen. Frisches Wasser nachfüllen und die Prozedur mehrmals wiederholen. Nach dem letzten Abgießen ein Stück Baumwollstoff mit einem Gummiband über die Öffnung spannen, das Glas auf den Kopf drehen (damit das restliche Wasser abfließen kann) und leicht gekippt auf einen Teller oder in eine Schale stellen. Lagern Sie das Glas bei Raumtemperatur und dunkel oder legen Sie ein Küchenhandtuch darüber. Spülen Sie die Samen mehrmals täglich ab und verzehren Sie sie, sobald sie mit ihren kleinen Sprossenschwänzen zu «winken» beginnen.

Man kann die Samen auch in einem Stoffbeutel aus Leinen, Hanf oder Baumwolle keimen lassen. Hängen Sie den Beutel über das Waschbecken und spülen Sie die Samen regelmäßig, damit sie nicht austrocknen.

Mit einer Auswahl an Keimlingen oder Sprossen können Sie Ihre Suppen oder Eintöpfe, Butterbrote oder Wraps, Salate, Risottos, Smoothies, Burger oder Reste-Essen in eine frische, gesunde Mahlzeit verwandeln.

Küchenausrüstung

Meine Küchenausrüstung hat nicht viele Pferdestärken vorzuweisen, auch ist sie nicht sonderlich blank und glänzend, die meisten Leute würden sie wohl eher als ziemlich bescheiden und antiquarisch bezeichnen. Mich zieht es selten zu den Ladenregalen aus Chrom und Stahl. Die folgende Geschichte beschreibt wunderbar, was bei mir Kauffieber auslöst und wie ich und meine Küchengeräte zueinanderfinden.

In einem Sommer fuhr ich durch die endlosen schwedischen Wälder und vertrat mir auf einem Parkplatz vor einem der zahllosen Antikläden entlang der Straße die Beine, als ich einen über zweihundert Jahre alten Specksteinmörser von einem Bauernhof der Gegend entdeckte. Das war der größte Mörser, den ich je gesehen hatte. Ich bekam Herzklopfen und Tränen in die Augen, als ich sozusagen über ihn stolperte. Noch schlimmer wurde es, als ich den Preis entdeckte. Menschen, die entschieden weniger Zeit in der Küche verbringen als ich, geben ohne mit der Wimper zu zucken viele tausend Kronen für riesige Küchenmaschinen aus, argumentierte ich vor mir selbst. Aber ich musste nun mal der Tatsache ins Auge sehen, dass ich keinen geschweige denn mehrere Tausender übrig hatte. Also verabschiedete ich mich schweren Herzens bei dem hinreißenden Geschöpf, das ich hatte kennenlernen dürfen, und zog unglücklich verliebt von dannen. Als ich drei Tage später zum zweiten Mal Antik-Stens Laden betrat, bemerkte der Besitzer augenblicklich mein mehr als mittelmäßiges Interesse an dem Mörser. Feierlich öffnete er beide Türen eines Bauernschrankes im hinteren Teil seines Ladens, wartete einen Augenblick und breitete dann die Arme aus, als wollte er mich an eine Tafel mit den köstlichsten Gerichten einladen. Er erklärte mir stolz, dass die Exponate alle aus dem Mittelalter stammten. Ich wurde ganz ehrfürchtig, und für einen Augenblick blieb die Zeit stehen. Vor mir stand eine Perlenkette kleiner und großer Steingefäße, deutlich angenagt vom Zahn der Zeit und des Gebrauchs. Nachdem ich die Sammlung ausgiebig und gründlich begutachtet hatte, wanderte mein Blick sehnsuchtsvoll zu meiner großen Liebe auf dem Boden. Herz in Flammen. Stille. Da legte der stattliche alte Herr einen Arm um meine Schulter, drückte mich freundlich an sich und sagte: «Nehmen Sie ihn schon mit. Ich sehe doch, dass ihr zusammengehört. Überweisen Sie mir das Geld, wenn Sie was übrig haben.» Ehe ich begriff, was für ein Angebot er mir da gerade gemacht hatte, fügte er noch hinzu, dass ich das Kleinod natürlich zum halben Preis bekäme. Er war gerührt und dankbar, dass dieser einzigartige Gebrauchsgegenstand nicht mit einer Hortensie bepflanzt auf dem Torpfosten eines wohlhabenden Gartenenthusiasten landete, sondern einen neuen grünen Frühling in einer Küche bei jemandem erleben durfte, der ihn wertzuschätzen wusste. «Aber Sie werden ihn allein nach draußen tragen müssen, das macht mein Rücken nicht mehr mit», sagte er. Ich habe selten solche Kräfte mobilisiert wie an diesem Tag, als ich Krösamaja (Krösamaja ist die alte Frau in Astrid Lindgrens Buch *Michel aus Lönneberga*, die immer so wunderbare Gruselgeschichten erzählt ...) in den Kofferraum meines Autos hievte.

Für mich ist dieser Mörser so weit von einem modischen Ausstellungsgegenstand entfernt wie nur möglich, er ist ein unschätzbares Kochutensil, mindestens so unentbehrlich und wertvoll wie das Messer.

Ich werde oft nach Rezepten für schnell zubereitetes und gesundes Essen gefragt. Keine Frage, natürlich gibt es das, einige Beispiele werden Sie auch in diesem Buch finden. Aber ehrlich gesagt löst diese Frage immer einen kindlichen Trotz in mir aus. Nicht, weil ich nicht verstehen könnte, wieso das der Traum der meisten berufstätigen und vielbeschäftigten Menschen ist. Aber der Gedanke dahinter macht mich traurig und ärgert mich. Essen gehört zu den existenziellen Dingen in unserem Leben. Und ausgerechnet wir, die wir so privilegiert sind, dass wir wählen können, was wir essen wollen, sind nicht bereit, unsere kostbarsten Ressourcen zu nutzen, indem wir für sie bezahlen und uns Zeit zur Zubereitung nehmen. Ich bin überzeugt davon, dass es gutem und gesundem Essen und uns nicht guttut, wenn man es rasch und nebenbei zu sich nimmt, während der Kopf mit etwas ganz anderem beschäftigt ist. Ich habe für mich eingesehen, dass ich Zeit investieren muss, wenn ich meinem Leben mehr Qualität geben will. Und für mich geht es beim Zubereiten von Speisen in einem Mörser genau darum. Der Zubereitungsprozess und das Ergebnis erfahren eine Aufwertung. Das Verarbeiten hochwertiger Zutaten ist ein intensiv sinnliches Erlebnis. Sich über einen Topf zu beugen, wenn die Aromen sich entfalten, erst einzeln, jede Zutat für sich, um dann zu einer neuen kulinarischen Einheit zusammenzufinden, je nachdem, wie ich meinen Körper als Taktstock oder Motor einsetze – das ist für mich Küchenalchemie. Man merkt es am Geschmack und an der Konsistenz, wenn die Zutaten rhythmisch zwischen Stein und Stein zerstoßen werden, ohne oxidierende Messerklingen, die Fasern und Zellwände zerreißen. Ich könnte an dieser Stelle eine biochemische Abhandlung über molekulare Prozesse einschieben, begnüge mich aber mit dem Hinweis, dass es empirische naturwissenschaftliche Argumente für die Verwendung des Mörsers gibt.

Haben Sie einen Mörser auf dem Schrank stehen, der nur Staub sammelt? Spülen Sie den Staub ab und widmen Sie sich der analogen Essenszubereitung! Besitzen Sie keinen Mörser? Dann setzen Sie ihn ganz oben auf Ihre Wunschliste! Es muss auch kein antikes, unerschwingliches Stück Kunsthandwerk sein oder teure und trendige Markenware. Ich habe im Laufe meiner Arbeit in der Küche viele Mörser in der Hand gehabt, die meisten günstig auf dem Flohmarkt oder anderswo erstanden. Ich benutze den Mörser täglich und habe für unterschiedliche Lebensmittel verschiedene Mörser – einen kleinen für Knoblauch, einen etwas größeren für Kardamom, einen winzigen für Safran, einen größeren für alles Mögliche, einige, die nur selten zum Einsatz kommen, und solche, die unter der Kategorie «können weg» laufen. Und dann natürlich meine Matrone unter den Mörsern – Krösamaja. Sie fasst Pesto für ein ganzes Bataillon und ermöglicht die Zubereitung größerer Portionen, für die ich sonst den Stabmixer nehmen würde. Steigen Sie mit einem ausreichend großen Mörser ein, um unterwegs Alternativen zu entdecken.

Ein anderes wichtiges Küchenutensil ist mein Schleifstahl. Denn selbst das beste Qualitätsmesser wird irgendwann unbrauchbar, wenn es nicht regelmäßig geschliffen wird. Es gibt Hoffnung selbst für die stumpfsten Exemplare, wenn sie sich nur an etwas wetzen dürfen! Schleifen Sie Ihre Messer nicht zu selten, bei manchen Messern kann das sogar vor je-

dem zweiten Einsatz sein, dann macht das Hacken von Kräutern und Zwiebeln erst richtig Spaß. Aber auch das Messerschleifen will gelernt sein. Achten Sie darauf, hochwertige, teure Messer nicht «kaputtzuschleifen».

Und dann habe ich mir noch ein Gerät angeschafft, das kann, was Mörser und Messer nicht können: einen Stabmixer – mein Zauberstab. Das hätten Sie wohl nicht gedacht, dass ich so etwas besitze – nach meinem energischen Manifest für den Mörser. Aber der Stabmixer ist ein echter Alleskönner, den ich fleißig benutze: für Suppen und Soßen, Cremes und alle möglichen Lebensmittel in Flüssigform. Ich habe einen mit kräftigem Motor gewählt, mit dem ich auch Nüsse und Samen mahlen kann, dazu eine solide Pressglaskanne, in der ich Smoothies und Ähnliches zubereite.

Vegetarisch, vegan und glutenfrei

Alle Rezepte in diesem Buch sind **vegetarisch** oder **vegan** (außer dem Rezept auf S. 166, «Grüne Lammhackbällchen mit Minze und Cranberries», und dem «Maki-Risotto» auf S. 68f., falls man dafür Garnelen verwendet). Im **Rezeptverzeichnis** auf S. 228f. können Sie sich informieren, ob das jeweilige Rezept vegan oder vegetarisch ist. Vegane Gerichte sind mit diesem Symbol gekennzeichnet:

Bei vegetarischen Gerichten taucht dieses Zeichen auf:

Fast alle angegebenen Rezepte sind außerdem **glutenfrei**. Eine glutenfreie Ernährung ist für alle von Zöliakie (Glutenunverträglichkeit) Betroffenen sehr wichtig. Gluten (sogenanntes Klebereiweiß) ist in vielen Getreidesorten vorhanden – vor allem in Weizen, Roggen, Gerste, Hafer, Dinkel – und in den daraus hergestellten Lebensmitteln wie Mehl, Brot, Nudeln oder Bier; sie sind bei einer glutenfreien Ernährung daher generell zu vermeiden. Glutenfreie Getreide sind dagegen Reis, Mais, Hirse, Buchweizen, Amaranth und Quinoa. Auch Obst, Salat und Gemüse, Milch und Milchprodukte, Eier, Hülsenfrüchte, Sojamilch, Fleisch, Fisch, Honig, Zucker, Nüsse sowie reine Gewürze und Kräuter enthalten in unverarbeitetem Zustand kein Gluten. Für alle glutenfreien Rezepte wird im Rezeptverzeichnis auf S. 228f. das folgende Symbol verwendet:

Achtung: In vielen Fertig- und Halbfertigprodukten können jedoch glutenhaltige Zutaten versteckt sein, z.B. in Senf, Ketchup, Tomatenmark, Essig, Brühwürfel, Sojasoßen, Wasabi, eingelegtem Gemüse, Kapern, Gewürzgurken, Trockenfrüchten, Backpulver. Achten Sie daher, falls Sie auf eine glutenfreie Ernährung angewiesen sind, auf die Herstellerangaben und auf die Zutatenliste der verpackten Produkte. Auch bei den hier als glutenfrei gekennzeichneten Gerichten sollten Sie also die Herstellerangaben der genannten Lebensmittel beachten.

Und noch etwas: Wenn im Rezeptverzeichnis ein Gericht als glutenfrei gekennzeichnet ist, als Beilage aber Spaghetti oder Pitabrot oder als Getränk dazu ein kühles Bier empfohlen wird, so sind diese Lebensmittel selbstverständlich nicht glutenfrei.

Genauere Informationen zur glutenfreien Ernährung finden Sie auch im Internet unter den entsprechenden Stichwörtern.

Fabelhafte Flüssigkeiten

Fünf, sechs oder zehn am Tag? Die Zahl variiert, je nachdem, wen man fragt und wo auf der Welt man lebt. Eines jedenfalls steht fest: von guten Lebensmitteln kann man gar nicht genug bekommen. Eine einfache und leckere Variante ist es, dem Körper die empfohlene Tagesration an Obst und Gemüse in flüssiger Form, gewissermaßen als Snack, zuzuführen, gerne angereichert mit anderen lebensnotwendigen Zutaten, die Energie und Schwung für den bevorstehenden Tag bringen. Oder als Alternative zum Kaffee und einem Riegel Schokolade, wenn die Arbeit zehrt und es noch viel zu lange bis zum Feierabend dauert. Ob Sie es Smoothie oder Fruchtcocktail, Saft oder Kraftdrink nennen – die Hauptsache ist, Sie haben Spaß beim Experimentieren, was Ihnen am besten schmeckt! Dies ist der geeignete Zeitpunkt, seine Vorurteile abzulegen, dass Obst und Gemüse nicht zusammenpassen, Beeren sich nur zum Dekorieren von Torten eignen, Nüsse in die Weihnachtszeit gehören und Avocados nur aus der Schale gelöffelt werden. Meine Smoothies sind in der Regel einfach und nach dem Prinzip «Man-nimmt-was-man-hat» zusammengestellt, wobei sich einige Kombinationen mit der Zeit zu echten Favoriten aufgeschwungen haben. Für weitere Inspiration gibt es jede Menge Bücher, Blogs, Zeitschriften und andere Medien, die sich auf dieses schier unerschöpfliche Thema spezialisiert haben. Inhaltlich setzt höchstens Ihre Fantasie die Grenzen, was Sie alles in dieses Lebenselixier tun können. Die einen mögen Smoothies lieber kalt und verwenden deshalb gefrorene Beeren. Wenn Sie zu dieser Kategorie gehören, frieren Sie einen Vorrat an Bananen- und Mangostücken ein, wenn die Saison dafür ist.

Für einen flüssigen Snack wie diesen brauchen Sie einen leistungsstarken Mixer mit schnell rotierenden Messern und einen Behälter, der groß genug für die gewünschte Menge ist. Ein Stabmixer und ein dickwandiger Behälter aus Pressglas oder Kunststoff erfüllen den gleichen Zweck.

Grüner Gourmet

Eine gesunde und erfrischende Energiebombe für den Start in den Tag, für den Ihr Körper Ihnen dankbar sein wird.

2-4 Handvoll Mungobohnenkeimlinge
(s. Sprossen und Keimlinge, S. 10)
1 Apfel (mit Schale und Kerngehäuse, wenn Sie einen leistungsstarken Mixer haben)
1 Avocado (ohne Schale und Kern)
½ Honigmelone (ohne Schale und Kerne)
Saft einer Limette
Saft einer halben Zitrone
2 EL Honig
400 ml frisch gepresster Apfelsaft

Mixen Sie alle Zutaten zu einem glatten Drink und lassen Sie es sich schmecken!

Ruby everyday-love-life-shot

Rote-Bete-Knollen sind die reinsten Vitamin-C-Bomben und stecken voller anderer guter Dinge: Folsäure, Eisen, Mangan, Magnesium, Kalium, Phosphor, diverse B-Vitamine und jede Menge Ballaststoffe. Ein echter Kick für Leib und Seele!

1 Knolle Rote Bete, geschält und in große Würfel geschnitten

½ frische Ananas, geschält und in große Stücke geschnitten

1 Apfel, entkernt und in große Stücke geschnitten (Bio-Apfel muss nicht geschält werden!)

½ l Orangensaft

Alle Zutaten in einen großen Mixer (o.Ä.) geben und zu einem glatten Saft verarbeiten. Das Rezept reicht für 4 große Gläser.

Ananas in grüner Spitze

Säuerlicher, frischer Grünkohl trifft sonnengelb-süße Ananas.

ca. 300 ml Wasser
6-7 frische oder gefrorene Grünkohlblätter
1 frische Ananas, geschält und ohne Strunk
2 Äpfel (mit Schale und Kerngehäuse, wenn Sie einen leistungsstarken Mixer haben)
Limettensaft

Schneiden Sie die harten Strünke aus den Grünkohlblättern. Das Wasser in einen Mixer oder ein passendes Gerät für den Stabmixer füllen, die übrigen Zutaten zugeben und zu einem glatten, geschmeidigen Drink verarbeiten.

Tipp: Grünkohl lässt sich leicht selbst anbauen. Ein kleines Beet im Garten oder ein paar große Töpfe auf dem Balkon reichen, um den ganzen Winter über die grüne Spitze zu ernten. Die Grünkohlsaison im Laden ist kurz, und nicht überall gehört er zum Standardsortiment. Legen Sie also einen Vorrat an, wenn Sie welchen kriegen. Grünkohl kann bei Minusgraden draußen oder im Tiefkühlschrank aufbewahrt und portionsweise verbraucht werden.

Mmh …
Mandel-Minz-Magie

Ein äußerst delikater, nahrhafter und erfrischender Drink. Außerdem ein wunderbarer Anlass, selber Mandelmilch herzustellen – garantiert frisch und sehr gesund! Das ist kein Hexenwerk, aber die Mandeln sollten ein paar Stunden in Wasser quellen, man braucht also etwas Vorlaufzeit. Zum Abseihen der Milch empfehle ich einen speziellen Nussmilchbeutel (kann im Internet bestellt oder selbst aus einem sauberen, kräftigen Nylonstrumpf gemacht werden).

250 g Mandeln
1 l kaltes Wasser + Wasser zum Quellen
5 große, süße Datteln ohne Stein
eine Handvoll frische Minze, abgespült

Lassen Sie die Mandeln in kaltem Wasser quellen, über Nacht oder den Tag über (ca. 8-10 Stunden). Das Einweichwasser abgießen und die Mandeln mit 1 l kaltem Wasser in einen Küchenmixer oder eine Küchenmaschine mit Mühle geben. Die entsteinten Datteln dazugeben und zu einem gleichmäßig dickflüssigen Brei verarbeiten. Den Nuss- / Nylonbeutel über eine große Schüssel hängen und den Brei hineingießen. Drücken und wringen Sie so viel Flüssigkeit wie möglich aus dem Beutel. Gießen Sie nun die Mandelmilch zurück in den Mixer bzw. die Küchenmaschine, geben Sie die Minzblätter dazu und verarbeiten Sie das Ganze zu einer luftig-hellgrünen Glücksschaumwolke. In hohen Gläsern servieren.

Mein Mangolassi

Das ist eine vollwertige Mahlzeit. In der Mangosaison kaufe ich ganze Kisten voll Mangos – besonders die süßen gelben – und schwelge in den wunderbaren Sonnenfrüchten. Einer unserer absoluten Familienfavoriten ist das mit Kardamom gewürzte Sojamilch-Lassi.

400 ml Sojamilch naturell (oder Naturjoghurt)
4-6 große, süße Datteln ohne Stein
1 reife Mango
1 TL frisch gestoßener grüner Kardamom, im Mörser zerkleinert (alternativ: gemahlener Kardamom)

Die Mango schälen, den länglichen Stein entfernen und das Fruchtfleisch in große Stücke schneiden. Eine reife Mango kann man auf der Arbeitsfläche rollen, an einem Ende die Schale anschneiden und das weiche Fruchtfleisch direkt in den Mixer drücken. Sojamilch, Datteln und Kardamom zugeben und zu einem seidenweichen Sonnentraum verarbeiten.

Mein Lieblingsfrühstück

Ich komme immer wieder auf dieses eigentlich bescheidene und schlichte Frühstück zurück und frage mich jedes Mal, warum ich es nicht viel öfter mache. Die Basis ist bissfest gekochter ganzer Buchweizen, den ich mit etwas Säuerlichem und gerne etwas Rosafarbenem oder Rotem bestreue, zum Beispiel rote Johannisbeeren, Grapefruit oder Granatapfel. Gekrönt werden diese Juwelen mit grob gehackten, gerösteten Mandeln. Das war's schon. Für mich ist die Schlichtheit meines Lieblingsfrühstücks das Markenzeichen für einen Klassiker.

Buchweizen ist nicht, wie der Name andeutet, eine Weizensorte, noch nicht einmal eine Kornart, sondern der glutenfreie Samen einer Krautpflanze. Er ist außerordentlich reich an Proteinen, Ballaststoffen, Mineralien und B-Vitaminen. Und obendrein ist Buchweizen auch noch entzündungshemmend und wirkt anregend in Bezug auf die Immunabwehr. Ich möchte an dieser Stelle eine Lanze für diese wertvolle Kulturpflanze brechen, die in jüngster Zeit ihre verdiente Renaissance erlebt.

1 Teil ganzer Buchweizen
1 Teil Wasser
1 Prise unraffiniertes Meer- oder Steinsalz
Grapefruit, rote Johannisbeere, Granatapfel oder andere säuerliche rote Früchte oder Beeren
grob gehackte Mandeln

Den Buchweizen in kaltem Wasser aufkochen und das Wasser abgießen. Die Samen unter kaltem Wasser abspülen und mit neuem Wasser und einer Prise Salz aufkochen und ca. 10 Minuten garkochen. In der Zwischenzeit das Obst oder die Beeren waschen, schälen, schneiden und die Mandeln hacken. Den fertig gekochten Buchweizen auf einen tiefen Teller geben, Obststückchen oder Beeren darüber verteilen und zur Krönung reichlich gehackte Mandeln darüberstreuen.

Stines superschnelle Gemüsesuppe

Diese grandios leckere und farbstrotzende Suppe ist nichts Geringeres als ein Geniestreich! Sie ist schnell zu kochen, randvoll mit wertvollen Nährstoffen, preiswert und kann beliebig variiert werden. Ich war hellauf begeistert, als meine Freundin Stine mir dieses Suppenrezept verraten hat, und habe es seitdem in alle Richtungen, d.h. mit verschiedenen Zutaten, weiterentwickelt. Das Grundprinzip besteht daraus, kochende Kraftbrühe mit frischem Grünzeug mit dem Stabmixer oder im Mixer schneller als ein Blinzeln in eine fantastisch leckere, nahrhafte Mahlzeit zu verarbeiten.

Für 6 Portionen brauchen Sie:

3 EL gutes Olivenöl

1 große gelbe Zwiebel oder 5-6 Schalotten

1 chinesischer Knoblauch (oder 3-4 Knoblauchzehen)

1½ l Kraftbrühe oder 1½ l kochendes Wasser mit drei Gemüse- oder Bio-Hühner-Brühwürfeln

ca. 250 g frische grüne Blätter, z.B. Spinat, Brennnessel oder Grünkohl

Salz und Pfeffer

evtl. 6 zur gewünschten Konsistenz gekochte Bio-Eier

Küchengerät: Mixer oder hitzebeständiger Behälter für Stabmixer

Das Öl in einem Topf erhitzen und die Zwiebeln und den Knoblauch vorsichtig darin glasig anbraten, bis er anfängt zu duften. Die heiße Kraftbrühe (Bouillon) dazugießen und umrühren. Den Topf von der Platte nehmen und die Brühe abkühlen lassen. Die harten Strünke aus den Blättern entfernen, mit kaltem Wasser abspülen und abtropfen lassen. Gießen Sie die Brühe in den Mixbehälter und geben Sie die Blätter dazu. Falls Sie nur einen kleinen Behälter zur Verfügung haben, teilen Sie einfach die Menge. Jetzt die Zutaten glatt verarbeiten, zurück in den Topf gießen und noch einmal kurz aufkochen lassen. Schmecken Sie die Suppe mit Salz und frisch gemahlenem Pfeffer ab und servieren Sie sie mit je zwei Eihälften.

Tipp: Grüne Alternativen in dieser genialen Suppe können grüne Erbsen sein, Brokkoli oder Mangold. Und statt der Eier passen genauso gut weißer Fisch, Hähnchenfilet oder geröstete Cashewkerne.

Blitzschnell gekochte, cremige Linsensuppe

Es gibt keinen Grund, sich für ungesundes Fastfood zu entscheiden, nur weil die Essenszubereitung wenig Zeit in Anspruch nehmen soll. Haben Sie einen Stabmixer oder Ähnliches, einen Dosenvorrat an fertig gekochten Linsen und Bohnen, Gemüsebrühe, Gemüse, das verarbeitet werden will, eine Zitrone und ein paar frische Kräuter auf dem Fensterbrett, dann können Sie diese köstlich dampfende Suppe rascher servieren, als Sie Fastfood sagen können – fast zumindest ...

½ l Wasser

50 ml Olivenöl extra vergine

1 gelbe Zwiebel, fein gehackt

1 Möhre, fein gewürfelt

1 Petersilienwurzel, fein gewürfelt – oder andere Gemüsesorten, z.B. Kartoffel, Paprika, Selleriewurzel, Pastinake oder Süßkartoffel

3 Dosen à 250-300 g gekochte Linsen, abgespült und abgetropft

unraffiniertes Meer- oder Steinsalz

frisch gemahlener schwarzer Pfeffer

3-4 Gemüsebrühwürfel (Bio, glutenfrei und ohne künstliche Geschmacksverstärker wie Glutamat)

abgeriebene Schale einer Bio-Zitrone und Saft einer halben Zitrone

4 EL gehackte frische Minze

Das Wasser aufkochen. Öl in einem großen Topf erhitzen und Zwiebel und Gemüse ein paar Minuten unter Rühren darin anbraten. Die gut abgetropften Linsen dazugeben und eine Minute mitdünsten lassen. Das kochende Wasser aufgießen, die Brühwürfel einkrümeln und auf niedriger Stufe fünf Minuten köcheln lassen. Rühren Sie nun die geriebene Zitronenschale und den Saft ein, nehmen Sie den Topf von der heißen Platte und verarbeiten das Ganze mit dem Stabmixer zu einer cremigen Masse. Zum Schluss mit Salz und frisch gemahlenem Pfeffer abschmecken und mit einer Prise frisch gehackter Minze servieren.

Tipp: Zur Verfeinerung der Linsensuppe krönen Sie jede Portion mit einem Löffel Gremolata (S. 70), wenn Sie was vorrätig haben.

Essen soll mindestens so gut wie gesund sein!

Für mich ist Essen in gleichem Maße Genuss- und Nahrungsmittel, beides ist unlösbar miteinander verknüpft. Gute Lebensmittel sind der Grundstock einer ausgewogenen Ernährung und die unabdingbare Voraussetzung, um gutes Essen zubereiten zu können. Das heißt nicht automatisch, dass gutes Essen besonders anspruchsvoll sein muss oder teure Zutaten erfordert. Viele meiner liebsten Rezepte werden aus wenigen einfachen und preiswerten Zutaten gemacht. Der Schlüssel zu einer schmackhaften Mahlzeit liegt in der Qualität der verwendeten Lebensmittel und in der Zeit, die man in die Zubereitung und den Verzehr zu investieren bereit ist.

Ich habe folgendes Küchenmotto: Man sollte mindestens so lange am Tisch verbringen und seine Mahlzeit genießen, wie der Koch für die Zubereitung gebraucht hat.

0
1
2
3
4
5
500

Ofengebackene Zitronenkartoffeln mit Rosmarin und Rosenpfeffer

Wenn in unseren Breitengraden endlich wieder Sommer ist und die neuen Kartoffeln reif werden, klein und knubbelig, übernehmen sie eine der Hauptrollen auf meiner Tafel.

1-2 kg kleine, geputzte neue Kartoffeln
50 ml Olivenöl extra vergine
3 kleine Bio-Zitronen
2 ganze Knoblauchknollen mit Zehen
2 Stiele frischer Rosmarin
50 ml flüssiger Blütenhonig
1 Handvoll Rosenpfefferkörner
unraffiniertes Meer- oder Steinsalz
frisch gemahlener schwarzer Pfeffer

Heizen Sie den Backofen auf 200 °C vor. Mit der Hälfte des Öls eine feuerfeste Form oder ein tiefes Backblech einfetten und die Kartoffeln darauf verteilen. Die Zitronen in Spalten schneiden und zwischen die Kartoffeln drücken. Die Knoblauchknollen mittig halbieren und mit den Rosmarinstielen auf die Kartoffeln legen. Den Honig verteilen und den Rosenpfeffer in der Hand zerkrümeln und über die Kartoffeln streuen. Zum Schluss salzen und mit schwarzem Pfeffer würzen. Die Form auf mittlerer Schiene im Ofen lassen, bis die Kartoffeln gut durch sind. Während der Garzeit ein paar Mal die Kartoffeln in der Form umrühren, damit sich die austretende Flüssigkeit gleichmäßig auf den Kartoffeln verteilt. Lassen Sie die Form vor dem Servieren eine Viertelstunde ruhen. Dazu empfehle ich Aioli, grünen Salat, ein Glas schäumendes Bier oder Weißwein – guten Appetit!

Tahini selbst gemacht

Es ist ganz einfach, Tahini selbst zu machen. Ich nehme am liebsten ungeschälte Sesamkörner, weil sie am intensivsten schmecken und die meisten Nährstoffe haben.

250 g Sesamkörner
2 TL unraffiniertes Meer- oder Steinsalz
100-300 ml Sesamöl (ungeröstet) oder Walnussöl

Die Sesamkörner und das Salz in einen kräftigen Mixer oder eine Nussmühle geben und zu einem feinen Pulver zermahlen. So lange weitermahlen, bis die Masse anfängt zu «ölen». Wenn die Masse stockt, geben Sie während des Mahlvorgangs einen Schuss Öl dazu, bis Sie am Ende eine glatte Paste haben. Machen Sie die Menge des Öls oder des Salzes von der von Ihnen gewünschten Konsistenz und dem Geschmack abhängig. Ausreichend fettes Tahini kann mehrere Monate, oft länger, im Kühlschrank aufbewahrt werden.

Sesam-Miso-Paste

Sesam-Miso-Paste gehört schon seit meiner Kindheit zum Aufstrich-Repertoire in meiner Familie. Sie ist eine vollmundige Alternative zu Käse, sowohl geschmacklich als auch hinsichtlich der Nährstoffe – weil sie salzig und fett ist. Sesam ist eine hervorragende Kalziumquelle, reich an E-Vitamin, Eisen und guten, ungesättigten Fetten. Und die im Rezept vorgesehene Misopaste enthält außerdem Vitamin K, das u.a. sehr gut für die Immunabwehr ist.

1 Glas dunkles Tahini (siehe Rezept links)
6 EL Tamari (japanische Sojasoße)
1 EL Misopaste
1-3 TL kaltes Wasser je nach gewünschter Konsistenz
1 rote Zwiebel, fein gehackt

Verrühren Sie Tahini, Tamari, die Misopaste und zwei, drei Esslöffel Wasser zu einer glatten Paste. Für eine flüssigere Konsistenz gießen Sie mehr Wasser zu. Rühren Sie die fein gehackte Zwiebel unter und probieren Sie die Paste auf einem frisch gebackenen Pitabrot oder knusprig-körnigen Knäckebrot (S. 51), gerne mit ein paar frischen, grünen Paprikastreifen und getoppt von einer Prise frischer Alfalfa-Sprossen.

Tamari-Linsen

Um braunen oder grünen Linsen einen etwas spannenderen Geschmack zu verleihen, gibt man am Ende der Garzeit einen Schuss Sojasoße und ein kleines Stück geriebenen Ingwer ins Kochwasser. Linsen müssen vor dem Kochen nicht zwingend in Wasser eingeweicht werden, aber manchmal tue ich es trotzdem, weil es die Kochzeit verkürzt.

200 g kleine braune oder grüne Linsen
ca. 400 ml kaltes Wasser
1 daumengroßes Stück frischer Ingwer
3 EL Tamari (japanische Sojasoße)

Die Linsen mit kaltem Wasser abspülen und in einen mit Wasser gefüllten Topf geben. Aufkochen und ca. 15 Minuten bei niedrigerer Temperatur köcheln lassen, bis der größte Teil des Wassers von den Linsen aufgenommen worden ist. Aber achten Sie darauf, dass die Linsen nicht zerfallen und breiig werden. Schütten Sie in dem Fall überschüssiges Wasser ab. Jetzt den geriebenen Ingwer und Tamari zugeben, umrühren und weitere 10-15 Minuten köcheln lassen bzw. so lange, bis die Linsen gar sind – mit leichtem Biss.

Puy-Linsen mit Vinaigrette wie in Marais

So einfach, so gut, ein echter Klassiker – so isst man grüne Linsen im Stadtteil Marais in Paris, serviert mit dem Weißwein des Hauses zu frisch aufgeschnittenem Baguette und einer kleinen Schale erlesenem Olivenöl zum Tunken für das Brot.

250 g Puy-Linsen (die kleinen grünen mit den dunklen Flecken) oder andere grüne oder braune Linsen
1 Prise unraffiniertes Meer- oder Steinsalz

Vinaigrette:
1 Knoblauchzehe
1 kleiner TL unraffiniertes Meer- oder Steinsalz
½ TL schwarze Pfefferkörner
50 ml Olivenöl extra vergine
1-2 EL Weißweinessig
1-2 EL frisch gepresster Zitronensaft
1-2 TL Dijonsenf
1 EL flüssiger Blütenhonig
1 extra fein gehackte rote Zwiebel
3-4 EL Kapern
2 EL fein gehackte Blattpetersilie

Die Linsen kalt abspülen und in etwas weniger als der doppelten Menge leicht gesalzenem Wasser weichkochen. Überschüssiges Wasser abgießen, sobald die Linsen den richtigen Gargrad haben – sie sollten noch etwas Biss haben, aber durchgekocht sein, ohne zu zerfallen.

Während die Linsen köcheln, bereiten Sie die Vinaigrette vor. Die geschälte Knoblauchzehe, Salz und Pfeffer in einem großen Mörser zu einem geschmeidigen Brei zerstoßen. Die restlichen Zutaten untermischen und immer wieder abschmecken, um die Vinaigrette genauso würzig, salzig oder sauer hinzubekommen, wie Sie es am liebsten mögen.

Das Dressing über die noch warmen, abgetropften Linsen gießen und die gehackte Zwiebel, Kapern und Petersilie unterrühren.

Knackiger Frühlingssalat mit süßsaurem Dressing und gerösteten Cashewkernen

Ein schneller, einfacher, delikater und vor Gesundheit strotzender, leichter Sommersalat – ein echter Energiekick! Das Geheimnis liegt in den knackigen, nur kurz gedämpften Brokkoliröschen und dem süßsauren Dressing.

1 rote Paprika
1 gelbe oder orange Paprika
1 Bund Frühlingszwiebeln
150-200 g ungesalzene Cashewkerne
1 großer Brokkoli, abgespült und in kleine Röschen zerteilt

Fürs Dressing:
½ chinesischen Knoblauch (oder 2-3 Knoblauchzehen) in zwei Teile geschnitten
½ TL unraffiniertes Meer- oder Steinsalz
1 fein gehackte frische rote Chilischote ohne Kerne
1 fein gehackte grüne Chilischote ohne Kerne
1 EL geriebener frischer Ingwer
50 ml Sesamöl (nicht das geröstete, scharfe)
Saft von 2 Limetten
4 EL flüssiger Blütenhonig
1 großer EL Tamari (japanische Sojasoße)

Teilen Sie die Paprika längs und entfernen Sie die Kerne. Spülen Sie die Schoten und schneiden Sie sie in dünne Streifen. Die Frühlingszwiebeln abspülen und leicht schräg in einen halben Zentimeter breite Ringe schneiden. Die Cashewkerne ohne Fett in einer Pfanne goldbraun rösten. Etwas Wasser in einem Topf aufkochen, die Brokkoliröschen mit einer Prise Salz ins kochende Wasser legen und eine halbe Minute unter geschlossenem Deckel dämpfen. Dann sofort das Kochwasser abgießen und die Röschen zum Abkühlen in eine vorbereitete Schüssel mit Eiswasser legen.

So bereiten Sie das Dressing zu:
Den Knoblauch mit dem Salz, die fein gehackten Chilischoten und den geriebenen Ingwer in einem großen Mörser zu einer glatten Paste zerstoßen. Nach und nach das Öl zugießen, dann den Limettensaft, den Honig und Tamari dazugeben.

Das Eiswasser von den Brokkoliröschen abgießen und sie in einem Sieb abtropfen lassen. Die Röschen in eine Schüssel umfüllen und mit Paprikastreifen und Frühlingszwiebeln vermischen. Das Dressing darüber verteilen und die gerösteten Nüsse darüberstreuen.

Gefüllte Babypaprika

Köstliche kleine Prachtpakete, die gut zu feierlichen Anlässen passen oder sehr willkommen sind, wenn Ihr Alltag etwas Farbe gebrauchen kann. Experimentieren Sie ruhig mit dem Käse und den Kräutern für die Füllung und entdecken Sie Ihren persönlichen Favoriten!

ca. 20 kleine Paprikaschoten in unterschiedlichen Farben

1 chinesischen Knoblauch (oder 4-5 Knoblauchzehen)

1 TL unraffiniertes Meer- oder Steinsalz

eine Handvoll Rosenpfeffer

1 Bund fein gehackte Petersilie

100 g Ziegenfeta

150 g Büffelmozzarella

2-3 EL Olivenöl extra vergine

Heizen Sie den Backofen auf 200 °C an. Die Kappe der Paprikaschoten abschneiden und die Kerne entfernen, ausspülen und beiseite legen. Knoblauch, Salz und Rosenpfeffer im Mörser zu einer glatten Paste zerstoßen. Den Käse mit einer Gabel zerdrücken und mit der Petersilie und der Knoblauchpaste verrühren, bis das Ganze eine gleichmäßige und geschmeidige Konsistenz hat. Eine Brotform so mit Alufolie auslegen, dass sie sich über den Rand knicken lässt. Jetzt die Schoten mit der Käsemasse füllen und mit der Öffnung nach oben dicht an dicht in die Brotform stellen. Etwas Öl darüberträufeln und auf mittlerer Schiene im Ofen backen, bis der Käse weich und goldbraun und die Schoten weich und leicht schrumpelig sind.

Marinierte Kaiserbohnen

Diese goldene Versuchung ist ein majestätischer Blickfang auf jedem Büffet. Dabei gebe ich unumwunden zu, dass dieses fantastische Bohnenrezept ursprünglich gar nicht von mir stammt – Ehre, wem Ehre gebührt. Ich habe es aus dem hübschen Kochbuch *Vinterens gode ting* («Was der Winter Gutes zu bieten hat») der schwedischen Kochkönigin Anna Bergenström. Im Laufe der Jahre habe ich dem Rezept meinen persönlichen Stempel verpasst, und wenn es Ihnen genauso gut schmeckt wie mir, werden Sie ihm irgendwann sicher auch Ihre eigene Note geben. Und genauso soll es sein – Rezepte sollen wandern und sich entwickeln und Eindrücke ihrer Reise mitnehmen!

Wenn ich rechtzeitig daran denke, weiche ich die kleinen weißen Bohnen drei, vier Tage vor ihrem Einsatz ein, weil sie nämlich besonders kaiserlich gelingen, wenn sie richtig mürbe sind und ein oder zwei Tage in ihrer köstlichen Marinade durchgezogen sind. Und wenn Sie schon einmal dabei sind, bereiten Sie doch gleich eine Riesenportion zu – es bleiben garantiert keine Reste übrig.

1 kg kleine weiße Bohnen, mindestens einen Tag einweichen
Wasser
6-8 getrocknete Lorbeerblätter

Für die Marinade:
2 chinesische Knoblauch oder 8 Knoblauchzehen
2 TL grobes, unraffiniertes Meer- oder Steinsalz
1 Handvoll frische oder 2 TL getrocknete Thymianblätter
1 EL schwarze Pfefferkörner
1 EL rote Pfefferkörner
geriebene Schale einer gewaschenen Bio-Orange
geriebene Schale einer gewaschenen Bio-Zitrone
400 ml Olivenöl extra vergine
100 ml Balsamicoessig
4 EL Tomatenmark
100 ml Tamari (japanische Sojasoße)

Das Einweichwasser der Bohnen abgießen, die Bohnen in einem Sieb abspülen, in einen großen Topf geben und 3-4 cm mit Wasser bedecken. Mit den Lorbeerblättern bei geschlossenem Deckel köcheln, bis die Bohnen gut weich, aber noch nicht zerkocht sind. Den Topf von der heißen Herdplatte nehmen und die Bohnen bei geschlossenem Deckel eine Weile im Kochwasser ruhen lassen. In der Zwischenzeit können Sie die Marinade vorbereiten. Den Knoblauch vierteln und mit Salz, Thymian, Pfeffer und Zitronenschale im Mörser zu einer gleichmäßigen Paste zerstoßen, die Sie mit dem Öl, Balsamico, Tomatenmark und Tamari in einer großen Schüssel oder einem großen Topf verrühren, in dem auch noch die Bohnen Platz haben. Jetzt das Bohnenkochwasser abgießen und die Bohnen zum Dressing geben. Vorsichtig, aber gründlich mischen, abdecken und die Kaiserbohnen mindestens eine Stunde – gerne länger – vorm Servieren in der Marinade durchziehen lassen.

Körner-Knäckebrot

Vorweg eine Warnung: Dieses Knäckebrot macht süchtig! Und ist dabei lächerlich leicht zu machen. Trauen Sie sich! Ganz nebenbei ist es mehlfrei – was immer mehr Leute zu schätzen wissen.

Diese Menge reicht für zwei mittelgroße Platten:

2 Tassen (4 dl) kleine Haferflocken

1 Tasse zerstoßene Leinsamen (falls Sie keine fertig zerstoßenen haben, zerkleinern Sie sie einfach im Mixer)

½ Tasse Sesamkörner mit Schale (die braunen)

1 Tasse Sonnenblumenkerne

1 Tasse Kürbiskerne

1 TL unraffiniertes Meer- oder Steinsalz

350-400 ml kaltes Wasser

2 Bögen Backpapier

Heizen Sie den Backofen auf 170 °C vor und legen Sie zwei Backbleche mit Backpapier aus. Die trockenen Zutaten in einer Schüssel mischen, das kalte Wasser zugießen und verrühren. Nun die Masse mit einem Teigschaber gleichmäßig und so dünn wie möglich auf den beiden Blechen ausstreichen. Teilen Sie den Teig mit einem großen Messer oder Pizzarad in die gewünschte Stückgröße, ehe Sie die Bleche nacheinander in den Ofen schieben. Auf der mittleren Schiene etwa 35 Minuten backen. Danach das Backpapier mit dem Brot von dem Blech auf einen Backrost heben und weitere 15 bis 20 Minuten (oder bis das Knäckebrot trocken und spröde ist) backen. Abkühlen lassen, ehe Sie es brechen, und in eine Dose packen.

Körner-Kerne-Mix

Eine gesunde und salzige Alternative zum gewöhnlichen Tafelsalz, etwa als Topping eines Tomatenbrotes oder als Panade für Zucchinimedaillons (S. 105). Man kann es natürlich auch über Suppen und Salate streuen. Bereichern Sie den Kerner-Körner-Mix nach Belieben, zum Beispiel mit Hanf- und Chiasamen, wenn sie welche zur Hand haben.

2 EL Kürbiskerne

3 EL Sonnenblumenkerne

3 EL Sesamkörner mit Schale

2 TL unraffiniertes Meer- oder Steinsalz

Rösten Sie die Körner und Kerne vorsichtig in einer fettfreien Pfanne, bis sie ein nussiges Aroma zu verströmen beginnen. Die Körner sollen nur leicht goldbraun werden, nicht zu dunkel, weil sie sonst schnell angebrannt schmecken. Lassen Sie die Körner ein paar Minuten abkühlen, ehe Sie sie mit dem Salz zusammen in eine Mühle geben. Die Mischung grob mahlen, ganz abkühlen lassen und in einem Glas mit luftdichtem Verschluss aufbewahren.

Theas grüne Fetaträume

Meine liebste Freundin Thea beherrscht die Kunst, auf einer Treppe zu sitzen und sich akkurat am Hier und Jetzt zu freuen, das Einfache prunkvoll erscheinen zu lassen und das Prunkvolle einfach. Thea ist Lyrikerin und Poetin, sie glaubt an die immerwährende Liebe und hat mir beigebracht, wie man die köstlichsten Fetaträume wahr werden lassen kann.

1 kg lange, grüne Bohnen, abspülen und die Spitzen abschneiden (oder gefrorene, aufgetaute Bohnen)

2-3 EL Olivenöl extra vergine

½ chinesischer Knoblauch (oder 2 Knoblauchzehen), zerdrückt

150-200 g Ziegen- oder Schafskäse

frisch gemahlener schwarzer Pfeffer

ein paar Prisen unraffiniertes Meer- oder Steinsalz

Etwa 400 ml Wasser in einem Topf zum Kochen bringen und eine Prise Salz und die geputzten Bohnen hineingeben. Nach zwei, drei Minuten das Kochwasser abgießen. Spülen Sie die Bohnen in einem Durchschlag unter kaltem Wasser ab, um den Garprozess zu stoppen und damit die Bohnen knackig bleiben. In dem Topf Olivenöl erhitzen und die Bohnen zugeben. Den Knoblauch unterrühren und den Fetakäse hineinkrümeln. Alles vermischen und ein paar Minuten köcheln lassen, ohne dass der Käse völlig schmilzt. Nach Geschmack pfeffern und salzen.

Die in Feta gewälzten, langen grünen Bohnen sind eigentlich eine vollwertige kleine Mahlzeit. Als Beilage passen sie aber auch perfekt zu jedem gebratenen, gegrillten oder im Ofen gebackenen Hauptgericht.

Endiviensalat mit Schimmelkäsedressing

Was für ein Genuss – und das nicht nur im Frühling, sondern zu jeder Jahreszeit oder wenn es etwas festlich sein soll!

Die Birnen können Sie unabhängig von diesem Rezept einkochen, am besten gleich mehrere Gläser auf Vorrat. Das sind schöne Mitbringsel für jemanden, der Qualitätssüßigkeiten zu schätzen weiß.

3 Birnen + 2 EL des Suds für das Dressing (S. 223)

2-3 Endivienköpfe

2 mittelgroße rote Zwiebeln

100 g große Walnüsse

Für das Dressing:

½ chinesischer Knoblauch (oder 2 Knoblauchzehen)

1 TL unraffiniertes Meer- oder Steinsalz

1 EL Rosenpfefferkörner + 1 EL zum Garnieren

3 EL fein gehackte Blattpetersilie

100 ml Olivenöl extra vergine

3-4 EL Weißweinessig

1 EL flüssiger Blütenhonig

2 EL Birnensud, abgekühlt

150-200 g Roquefort

Knoblauch, Salz, Rosenpfeffer und die fein gehackte Blattpetersilie in einen großen Mörser geben und zu einer gleichmäßigen Masse zerstoßen. Öl, Essig, Honig und Birnensud unterziehen. Zum Schluss ein Drittel des Käses unterrühren, bis es eine geschmeidige Masse ergibt.

Die Endivienblätter abspülen, trockenschütteln und auf einer Platte verteilen. Die Birnen vierteln und die Spalten auf den Endivienblättern anrichten. Die roten Zwiebeln in dünne Ringe schneiden und über dem Salat und den Birnen verteilen. Danach die grob gehackten Walnüsse über den Salat streuen und das Dressing über allen Zutaten verteilen. Zum Schluss einen Esslöffel Rosenpfeffer und den restlichen Roquefort über dem Salat zerkrümeln.

Avocado-Zitrusfrucht-Schlemmerland

Ein einfaches, aber unglaublich wohlschmeckendes und delikates Gericht, das gut zu einer Schale frisch gekochtem Reis, Hirse oder Quinoa passt, gerne mit einer Prise gehackter, fettfrei gerösteter Nüsse oder Mandeln. Oder zu körnerkernemix-panierten Zucchinimedaillons oder knusprig gebratenem, weißem Fischfilet.

2 große rosa Grapefruit

1 Limette

3 reife Avocado

1 frische grüne Chilischote, entkernt und fein gehackt

1 EL fein gehackte frische Minze

Für das Dressing:

½ chinesischer Knoblauch

1 TL unraffiniertes Salz

4 EL mildes Öl, z.B. Sesamöl (ungeröstet), Traubenkernöl oder Nussöl

2 EL Apfel-Cidre-Essig oder weißen Balsamicoessig oder Weißweinessig

2 TL flüssigen Blütenhonig

Die Grapefruit filetieren, die enthäuteten Spalten in stabförmige Filets schneiden und in eine Salatschüssel geben. Rollen Sie die Limette unter der flachen Hand auf der Arbeitsplatte oder unter der Fußsohle auf dem Boden (dann kriegen Sie als Zugabe noch eine angenehme Fußmassage!). Danach unter warmem Wasser abspülen, über eine große Schüssel halten, halbieren und so viel Saft herauspressen wie möglich. Die Avocado vierteln, die Schale entfernen und die Viertel weiter in zwei, drei dünne Spalten schneiden, die in den Limettensaft gelegt und dann in die Schüssel mit den Grapefruitfilets gegeben werden. Die fein gehackte Chilischote und die Minze unterrühren.

Dressing:
Knoblauch und Salz im Mörser zu einer geschmeidigen Masse zerstoßen. Das Öl in die Knoblauchpaste einrühren. Danach Essig und zum Schluss den Honig untermischen. Das Dressing über den Salat geben und vorsichtig mischen, damit die Avocado nicht zermatscht.

Pakora

Frittiertes Gemüse mit Minz-Raita und Kokos-Chutney – unverschämt gut! Falls Sie keine ordentliche Dunstabzugshaube über Ihrem Herd haben, sorgen Sie wenigstens für gute Durchlüftung, bevor Sie loslegen. Eine Alternative wäre, das Zubereiten dieser oberleckeren Mahlzeit ins Freie zu verlegen.

Fürs Frittieren von Pakora brauchen Sie einen großen Topf mit dickem Boden oder eine Fritteuse.

5 TL gemahlener Kreuzkümmel

4 TL Koriandersamen, im Mörser zerstoßen

2 TL Chilipulver oder je 1 frisch gehackte grüne und rote Chilischote, entkernt

2 TL gemahlener Bockshornklee oder 2 TL scharfes Currypulver

2 TL unraffiniertes Salz

1½ Tassen (3 dl) fein gehackter, frischer Koriander

2 große gelbe Zwiebeln, in dicke Ringe geschnitten

6 Kartoffeln, in dicke Stifte geschnitten

½ Blumenkohl (ca. 100 g), in Röschen geteilt

2-2½ Tassen (4-5 dl) Kichererbsenmehl

ca. 200 ml kaltes Wasser

1 l geschmacksneutrales Öl zum Frittieren, z.B. Erdnussöl

Mischen Sie alle Gewürze in einer großen Schüssel und verrühren Sie das geschnittene Gemüse mit der Gewürzmischung. Unter ständigem Weiterrühren mit der Hand geben Sie das Kichererbsenmehl dazu. Wenn Zwiebelringe, Kartoffelschnitze und Blumenkohlröschen von Gewürzen und Mehl bedeckt sind, geben Sie einen Schuss Wasser zu und mischen Sie weiter. Die Mischung sollte glitschig, aber nicht flüssig sein. Wird die Mischung zu dünnflüssig, geben Sie mehr Kichererbsenmehl dazu.

Erhitzen Sie in einem großen Topf das Frittieröl. Es muss ordentlich heiß sein, sollte aber nicht rauchen. Heben Sie das panierte Gemüse portionsweise mit einem großen Löffel aus der Schüssel und in das heiße Öl – pro Durchgang vielleicht fünf bis sieben Portionen, abhängig von der Größe des Topfes. Sobald die Pakoraklumpen auf der unteren Seite goldbraun sind, im Öl wenden und auch die andere Seite bräunen. Die Pakora mit einem Schaumlöffel aus dem Öl heben und in einem Sieb oder auf Küchenkrepp abtropfen lassen. Die frisch frittierten Pakora noch heiß mit Minz-Raita, Kokos-Chutney, Kardamomreis und scharfem Mango-Chutney servieren (s. nächste Seite).

Kokos-Chutney

Eine unglaublich leckere Beilage zu allen orientalisch inspirierten Gerichten. Schnell und leicht zuzubereiten.

300 ml Kokosmasse
100-150 ml kochendes Wasser
geriebene Schale einer Bio-Zitrone
Saft einer halben Zitrone
Saft von 2 Limetten
2½ Tassen (½ l) frische Korianderblätter
1 frische grüne Chilischote, entkernt und fein gehackt
1 frische rote Chilischote, entkernt und fein gehackt
2 TL Zucker
1 TL unraffiniertes Salz

Die Kokosmasse in einen großen Mörser füllen. Das kochende Wasser aufgießen und die Masse quellen lassen, während Sie die übrigen Zutaten vorbereiten. Alles zusammen im Mörser zu einer groben Masse zerstoßen.

Kardamomreis

Kardamom ist gut für die Seele – und eignet sich hervorragend, um den Reis aus seiner anonymen Statistenrolle auf dem Tisch zum neuen Star der Mahlzeit zu erheben!

ca. 2 Tassen (4 dl) Reis, Basmati oder Jasmin
Wasser wie auf der Packung angegeben
2 EL Kokosöl extra vergine
2 EL Senfkörner
2 EL ganze grüne Kardamomkapseln
½ EL ganze Gewürznelken
1 Handvoll Sultanas (große gelbe Rosinen)
1 Handvoll dunkle Rosinen
1 EL ganze Anissamen
1 TL unraffiniertes Salz
2½ Tassen (½ l) frische Korianderblätter

Messen Sie Reis und Wasser nach der Anweisung auf dem Reispaket ab. Den Reis in einem Sieb abspülen und abtropfen lassen. Erhitzen Sie das Kokosöl in einem dickbodigen Topf und geben Sie alle Gewürze und die Rosinen hinein. Unter Umrühren ein paar Minuten köcheln lassen, bis die Senfkörner anfangen zu hüpfen. Wenn sie eine Weile auf dem Topfboden herumgetanzt sind, mischen Sie das Salz und den abgetropften Reis unter. Wasser aufgießen und den Reis kochen, bis er alle Flüssigkeit aufgenommen hat und gar ist. Die Korianderblätter unterheben, sobald der Reis fertig ist, und mit Minz-Raita, Rhabarber-Chutney und körnerkernemix-panierten Zucchinimedaillons (S. 105) oder Proteinbomben (S. 137) servieren.

Maki à la Jarle

Maki zu machen habe ich von meinem guten Freund Jarle gelernt und über diverse Do-it-yourself-Videos im Netz verfeinert. Allen, die keinen Jarle haben, lege ich Letzteres ans Herz – dort tummeln sich lehrreiche Beiträge fingerfertiger Köche, die mit Vergnügen ihre Maki-Rolltechniken verraten. Das ist nicht eigentlich schwer, aber umständlich und zeitaufwendig. Aber – sowohl Zeit- als auch Arbeitsaufwand lohnen sich vollauf, wenn die hübschen Taler auf dem Teller angerichtet sind und darauf warten, in extra scharfes Wasabi und die gute japanische Sojasoße getunkt zu werden. Die Zutaten des Maki richten sich danach, was einem am besten schmeckt und was man zur Hand hat. Der hier folgende Vorschlag ist ein vegetarisches Maki mit Cashewkernen und Avocado und reicht für 4-6 Personen.

500 g Sushi-Reis
150 ml Reisessig
1 TL Zucker
½ TL unraffiniertes Meer- oder Steinsalz

Saft von 2 Limetten
3-4 Avocado
200 g rohe, ungesalzene Cashewkerne
1 Salatgurke
4-6 Frühlingszwiebeln
grüne Paprika
Sesamkörner (schwarze und hellbraune)
Arame-Algen (dünne schwarze Meeresalge, in Asia-Läden erhältlich)
Nori-Blätter, in denen die Maki gerollt werden

1 Flasche Tamari (japanische Sojasoße)
1 Tube Wasabi (Meerrettichpaste)
1 Glas eingelegter Ingwer – gerne selbst gemacht (S. 66)

Kochen Sie den Reis, wie auf der Packung beschrieben. Abkühlen lassen und in einer Mischung aus Reisessig, Zucker und Salz wenden. Das Ganze stehen lassen, während Sie die restlichen Zutaten vorbereiten.

Rollen Sie die Limetten unter dem Handballen auf der Arbeitsplatte. Die Limette unter warmem Wasser abspülen, über eine große Schüssel halten, halbieren und die Hälften mit der Hand auspressen.

Die Avocado vierteln, Schale entfernen und längs in dünne Streifen schneiden. Direkt mit Limettensaft beträufeln oder in den Saft legen, damit sie nicht braun werden.

Rösten Sie die Cashewkerne in einer fettfreien Bratpfanne goldbraun und hacken Sie sie mittelgrob. Schälen Sie die Gurke mit einem Käsehobel und schneiden Sie sie in lange dünne Stifte etwa in der Länge der Nori-Blätter. Die Frühlingszwiebeln abspülen und in lange Streifen etwa in der Länge der Nori-Blätter schneiden. Die Paprika teilen, entkernen, spülen und in dünne Streifen schneiden.

Richten Sie sich einen großzügigen Arbeitsplatz ein, wo Sesamkörner, Arame-Algen und Nori-Blätter und alle Zutaten in Griffnähe stehen sowie eine Schale kaltes Wasser, in der Sie Ihre Finger abspülen und befeuchten können. Jetzt können Sie mit dem Rollen beginnen.

Verteilen Sie einen Streifen Reis in der Mitte eines Nori-Blattes. An den Rand, der zu Ihnen zeigt, legen Sie ein paar Avocadoschnitze. Einen Teil der anderen Zutaten auf dem Reis verteilen und das Blatt zu einer festen «Wurst» zusammenrollen. Die Rolle zusammenkleben, indem Sie vorher mit einem Finger etwas kaltes Wasser auf den freien Rand streichen.

Bereiten Sie so viele Rollen zu, wie die Zutaten hergeben, schneiden Sie sie in mundgerecht dicke Taler und richten Sie sie auf einer Platte an. Sesamkörner und Arame-Algen darüberstreuen. Kleine Schälchen mit Tamari, eingelegtem Ingwer – gern selbst gemacht – und Wasabi dazustellen.

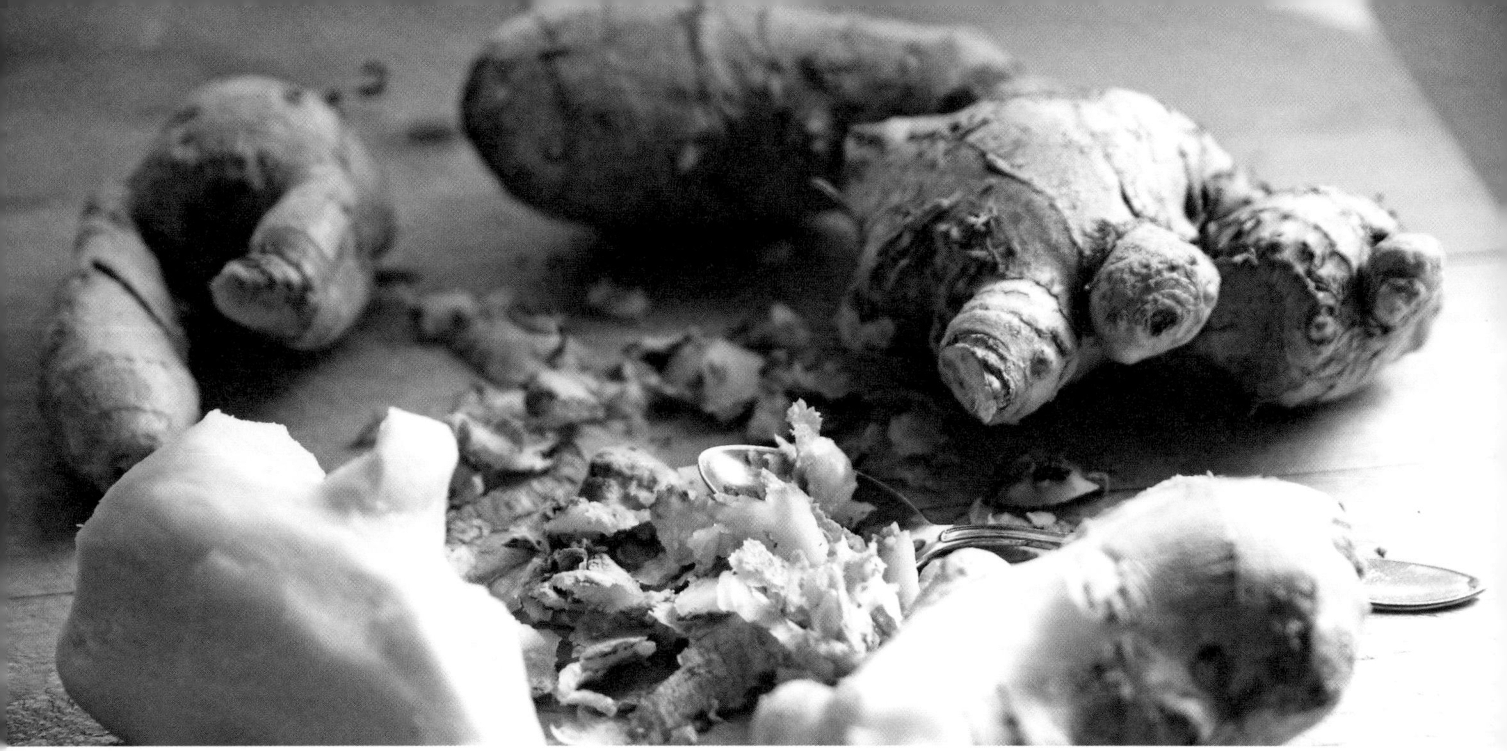

Eingelegter Ingwer

Oft sind dem eingelegten Ingwer, den man kaufen kann, große Mengen Konservierungsmittel beigesetzt, die, abgesehen davon, dass wir sie unserem Körper eigentlich nicht antun wollen, einen Beigeschmack haben, an den ich mich persönlich ganz schlecht gewöhnen kann. Daher war ich sehr froh, als ich festgestellt habe, wie einfach es ist, die Knollen selbst einzulegen. Ganz frischer Ingwer verfärbt sich hübsch rosa, wenn er mit dem säuerlichen Essig zusammenkommt.

½ kg frische Ingwerwurzel

2 EL Salz

350 ml Reisessig

1 Tasse (ca. 2 dl) Zucker

2 mittelgroße Gläser oder 1 großes sauberes Glas mit dichtem Deckel zum Aufbewahren des Ingwers

Schaben Sie die Ingwerschale mit einem Teelöffel von der Knolle, das ist leichter als mit dem Messer und ergibt weniger Abfall. Hobeln Sie die geschälten Knollen mit einem Käse- oder Gemüsehobel in dünne Scheiben. In eine Schüssel geben und das Salz darüber verteilen. Umrühren und ca. 1 Stunde ziehen lassen, damit die Bitterstoffe aus dem Ingwer gezogen werden und die Scheiben weich werden.

In der Zwischenzeit kochen Sie den Reisessig und Zucker in einem Topf auf. Sterilisieren Sie das Glas oder die Gläser in kochendem Wasser oder im Backofen und stellen Sie sie kopfüber auf ein sauberes Küchenhandtuch.

Den fertig gezogenen Ingwer in einem Durchschlag kurz abspülen und abtropfen lassen und auf einem ausgebreiteten Handtuch verteilen und mit einem zweiten Tuch trocken tupfen, ehe Sie ihn auf die Gläser verteilen. Danach randvoll den Essigsud aufgießen, zuschrauben und die Gläser so lange auf den Kopf stellen, bis sich ein Vakuum gebildet hat. Die vollständig abgekühlten Gläser im Kühlschrank aufbewahren. Eingelegter Ingwer ist nach einem Tag fertig für den Verzehr und hält ungeöffnet mehrere Monate im Kühlschrank.

Maki-Risotto

Sie haben alle Zutaten für Maki-Rollen (S. 63) eingekauft und stellen fest, dass Sie keine Zeit oder Lust auf den Rollzirkus haben? Verzweifeln Sie nicht – im Gegenteil: sämtliche Zutaten (bis auf die Nori-Blätter) machen sich mindestens genauso gut in einer großen Salatschüssel.

Wenn Sie dann noch eine Packung Riesen-Garnelen zur Hand haben (natürlich Bio) oder die gewöhnlichen kleinen Garnelen, braten Sie sie kurz mit etwas Sesamöl in einer heißen Pfanne an und beträufeln Sie sie mit dem Saft einer Limette unmittelbar vor dem Servieren.

Bereiten Sie den Sushi-Reis zu wie im Rezept für Maki beschrieben (S. 63 f.) oder kochen Sie nach Belieben einen anderen Reisfavoriten – wobei Sie Reisessig und Zucker weglassen können. Die Cashewkerne fettfrei rösten und grob hacken, das Gemüse in Würfel schneiden statt in Stifte und die Frühlingszwiebeln fein hacken. Bereiten Sie das Dressing und die Garnelen vor, wenn sie im Risotto dabei sein sollen.

Für das Dressing:

3 EL Tamari (japanische Sojasoße)

1 EL Wasabi (Meerrettichpaste)

1 kleine Prise frischer geriebener Ingwer

4 EL Sesamöl (ungeröstet)

Saft einer Limette

1 EL Reisessig

Alle Zutaten (s. S. 63) in ein Glas mit Deckel füllen und zusammen schütteln.

Den Reis auf Portionsschalen verteilen, Avocado, Gurke, Paprika und Frühlingszwiebeln zugeben. Etwas Dressing in jede Schale geben und abschließend die gerösteten Cashewkerne, Sesamkörner und Arame-Algen darüberstreuen.

Kidneybohnenmus mit Gremolata und fein gehackten roten Zwiebeln

4 EL Olivenöl extra vergine
1 fein gehackte rote Zwiebel
1 Dose (250-300 g) abgetropfte Kidneybohnen
4 EL Gremolata
unraffiniertes Meer- oder Steinsalz
frisch gemahlener schwarzer Pfeffer

Das Öl in Pfanne erhitzen. Die gehackte Zwiebel glasig, aber nicht braun anbraten und mit den abgetropften Bohnen in einer Schüssel mit einer Gabel zu einer groben Masse zerdrücken. Gremolata unterrühren, nach Geschmack pfeffern und salzen. Lassen Sie sich den Bohnenmix auf einer Scheibe getoastetem Bauernbrot schmecken, zu dampfenden neuen Kartoffeln oder Ihren Lieblingsnudeln.

Gremolata

Gremolata ist ein waschechter Italiener, der geschmacklich alles in ungeahnte Höhen heben kann. Hervorragend geeignet zum Aufpeppen von Suppen, Nudelgerichten, Eintöpfen oder Dressings. Ich setze Gremolata häufig als letztes Simsalabim für Bohnengerichte ein, und ich kann nicht mehr zählen, wie viele nichtssagende und fade Gerichte es mir schon gerettet hat. Das Zusammenspiel von saftig grüner, frischer Petersilie, säuerlich-fruchtiger Zitronenschale und frischem Knoblauch ist einfach unschlagbar. Gremolata löst magische Geschmacksexplosionen am Gaumen aus und macht süchtig.

1 Bund Petersilie, fein gehackt
½ - 1 chinesischer Knoblauch (oder 2-4 Knoblauchzehen)
geriebene Schale einer großen gewaschenen Bio-Zitrone

Alle Zutaten in einen großen Mörser geben und zu einer groben Masse zerstoßen. Alternativ alles fein hacken und in einer Schüssel vermischen.

Zitronenschale ist übrigens ein unterschätzter Geschmacksverstärker, der Salzigem und Süßem eine besondere Würze gibt. Eine Prise geriebene Zitronenschale in Schlagsahne, im Reis, in einer Marinade, auf Fisch oder im Obstsalat gibt allem eine interessante Note. Aber achten Sie darauf, dass die von Ihnen verwendete Zitrone ohne Spritzmittel gewachsen ist – das sammelt sich nämlich besonders in der Schale.

Hildes Zaubersuppe

Hilde kann in weniger als einer Viertelstunde ein Paket gefrorene Erbsen in ein delikates Luxuserlebnis verwandeln! Und jetzt hat sie mir das Rezept und das Geheimnis hinter diesem samtgrünen Geniestreich ihrer Zaubersuppe anvertraut.

3 EL Butter
2 Schalotten, fein gehackt
400-500 g gefrorene grüne Erbsen – angetaut
700 ml heiße Gemüse- oder Hühnerbrühe
100 ml Sahne oder Crème fraîche
3-5 Tropfen echtes Trüffelöl
unraffiniertes Meer- oder Steinsalz
frisch gemahlener schwarzer Pfeffer

Braten Sie die Schalotten in heißer Butter in einem Topf an. Die halb aufgetauten Erbsen dazugeben und die heiße Brühe angießen. Alles zusammen kurz aufkochen und Sahne oder Crème fraîche einrühren, dann mit dem Stabmixer oder im Küchenmixer zu einer glatten, samtigen Suppe pürieren. Die fertige Suppe noch einmal erhitzen, aber nicht kochen. Trüffelöl darüberträufeln, mit Salz und Pfeffer abschmecken und dampfend servieren.

Zitronenaugen

Eine leckere Kombination mehrerer meiner Lieblingslebensmittel, die perfekt harmonieren, ganz besonders einen Tag nach der Zubereitung.

250 g Augenbohnen (Black Eyed Peas), über Nacht eingeweicht
1 großer Bund fein gehackte Petersilie
geriebene Schale von 2 Bio-Zitronen
2 zerdrückte Knoblauchzehen
1½ TL Dijonsenf
2 TL unraffiniertes Meer- oder Steinsalz
50 ml Olivenöl extra vergine
1 EL Apfelessig
Saft einer Zitrone
1 EL flüssiger Blütenhonig

Das Einweichwasser abgießen und die Bohnen in einen Topf geben. Frisches Wasser in den Topf füllen, sodass die Bohnen 3-4 cm mit Wasser bedeckt sind. Ca. 20 Minuten weich kochen, aber nicht zerkochen.

In der Zwischenzeit können Sie die restlichen Zutaten vorbereiten.

Petersilie abspülen und fein hacken, Zitronenschale reiben und von den übrigen Zutaten ein Dressing bereiten. Das Kochwasser von den gargekochten Bohnen abgießen und die Bohnen in eine Schüssel geben. Die Petersilie und die Zitronenschale und danach das Dressing unterrühren, solange die Bohnen noch warm sind. Den Salat vor dem Servieren mindestens eine halbe Stunde ziehen lassen, gerne länger.

Mittelmeercreme im Endivienmantel

Eine echte Leckerei! Der Hit auf dem Tapas-Büffet, perfekt als Hors d'œuvre oder Vorspeise. Die Paste kann gut am Tag vorm Servieren zubereitet werden. Füllen Sie direkt vorm Servieren einen Löffel der Creme auf ein Endivienblatt, drücken Sie eine Walnuss in die Creme, träufeln etwas flüssigen Honig darüber und würzen mit Pfeffer. Sie können die Creme aber auch in einer hübschen Schale zu einem Krug Stangensellerie reichen.

50 ml Olivenöl extra vergine
5 rote, spitze, süße Paprika
1 chinesischer Knoblauch, geviertelt (oder 4 Knoblauchzehen)
1 TL unraffiniertes Meer- oder Steinsalz
2 TL schwarze Pfefferkörner
150 g fester Ziegen- oder Schafsfeta
50 ml flüssiger Honig + etwas zum Dekorieren
200 g Walnüsse + einige Hälften zum Dekorieren

Den Backofen auf 220 °C vorheizen. Das Backblech mit Olivenöl einfetten. Die Paprika längs halbieren, entkernen und mit der Hautseite nach oben auf das Backblech legen. Die Paprika so lange auf mittlerer Schiene backen, bis sie in sich zusammenfällt und die Haut schrumpelig wird. Circa eine Viertelstunde auf dem Blech abkühlen lassen. In der Zwischenzeit Knoblauch, Salz und Pfefferkörner in einem Mörser zu einer gleichmäßigen Paste zerreiben. Füllen Sie die Paprikahälften und die beim Backen ausgetretene Flüssigkeit zusammen mit Feta, Honig und Walnüssen in eine große Schüssel und verarbeiten alle Zutaten mit einem Stabmixer (oder einem anderen geeigneten Gerät) zu einer groben Creme. Zum Schluss die Knoblauchpaste mit der Hand unterrühren. Die Creme vorm Servieren eine halbe Stunde bei Raumtemperatur ruhen lassen (oder im Kühlschrank, falls Sie sie länger im Voraus vorbereitet haben).

Spargelrisotto mit Wein wie in Pontedera

Dieses Rezept einer toskanischen Mutter von sieben Kindern, die ich früher oft besucht habe, wird bei uns gern nachgekocht und heiß geliebt. Der Kniff bei italienischem Risotto ist, es im perfekten Moment zu servieren – und dieser Moment dauert nicht lang. Sorgen Sie also dafür, dass vor dem Ende Ihrer Vorbereitungen der Tisch gedeckt ist, der Salat und andere Beilagen fertig sind, die Gläser gefüllt sind und alle ihre Plätze eingenommen haben. Dieses Rezept ist ein gutes Beispiel dafür, dass es besser ist, wenn die Esser auf die Mahlzeit warten als umgekehrt.

3 EL Olivenöl extra vergine

6 Schalotten, geschält und fein gehackt

1½ Tassen (3 dl) Arborio-Reis (italienischer Risottoreis); alternativ kann man auch Milchreis nehmen

200 ml trockenen, fruchtigen Weißwein

800 ml kochende Gemüsebrühe

2 EL Butter

100 g frisch geriebenen Parmesan + ein Stück für den Tisch

ein paar Tropfen Trüffelöl – auch ein geschmacksintensives Olivenöl, gern mit Chili gewürzt, erfüllt den Zweck

unraffiniertes Meer- oder Steinsalz

frisch gemahlener Pfeffer

10-15 frische Spargelspitzen, ½ Minute in leicht gesalzenem Wasser gedämpft

Erhitzen Sie das Öl in einem großen Topf und braten Sie die Zwiebel glasig an. Den Reis zugeben und ein paar Minuten unter Umrühren mitdünsten. Zuerst den Wein angießen und rühren, bis er fast verkocht ist. Dann nach und nach die heiße Brühe zugießen und einkochen lassen, ehe Sie etwas nachgießen. Das Risotto ist fertig, wenn es anfängt, breiig zu werden, und die Reiskörner außen weich und im Kern noch leicht bissfest sind. Nehmen Sie den Topf vom Herd und heben Sie die Butter und den Parmesan unter, dann die frisch gedämpften Spargelspitzen. Zum Schluss etwas Trüffelöl darüberträufeln (oder alternativ ein anderes Öl Ihrer Wahl). Nach dem Abschmecken mit Salz und frisch gemahlenem Pfeffer etwa eine halbe Minute unter dem geschlossenen Deckel ziehen lassen und servieren.

Kräuterpasta

Mich begeistern Gerichte, die sich mit wenigen und einfachen Zutaten zubereiten lassen und bei denen man die Zutaten einzeln herausschmecken kann. Die Grundlage für diese einfachsten und besten Spaghetti sind ein paar frisch gehackte Kräuter, Knoblauch, Salz, schwarzer, frisch gemahlener Pfeffer und ein gutes Olivenöl. Ein Stückchen Parmesan oder Pecorino macht im Handumdrehen ein Alltagsfestessen daraus!

Für 250 g trockene Spaghetti brauchen Sie:

½ TL unraffiniertes Meer- oder Steinsalz

1 TL schwarze Pfefferkörner

½ chinesischer Knoblauch (oder 2 Knoblauchzehen)

3 EL Olivenöl extra vergine

3-5 gehäufte EL frisch gehackte Kräuter, z.B. Salbei, Rosmarin, Blattpetersilie, Dill oder Oregano

10 kleine Tomaten, z.B. Kirschtomaten

75 g Parmesan oder Pecorino

Während das Nudelwasser aufkocht, zerreiben Sie Salz, Pfeffer und Knoblauch zu einer glatten Paste.

Die Kräuter fein hacken, die Hälfte des Käses fein reiben und die Tomaten vierteln. Kochen Sie die Nudeln nach Anweisung auf der Packung und gießen Sie sie in einem Durchschlag ab, Öl in den Topf geben und die abgetropften Spaghetti darin wenden. Die übrigen Zutaten unterrühren und direkt servieren. Den restlichen Käse, Salz und eine Pfeffermühle auf den Tisch stellen und dazu eine Flasche italienischen Wein (weiß, rosé oder rot).

Holunderblüten

Schwarzer Holunder, Sambucus nigra, ist eine uralte Kulturpflanze, die in Nordeuropa als Heilpflanze eingeführt wurde. Seit dem frühen Mittelalter wird sie wegen ihrer einzigartigen gesunden Eigenschaften geschätzt – man könnte sie fast als eine fabelhafte Apotheke auf Wurzeln bezeichnen. Alle Bestandteile, von der Rinde und der Blüte über die Wurzel bis zur Beere, werden in der naturheilkundlichen Verarbeitung der Pflanze genutzt. Der hübsche Baum mit der knorrigen Borke und der überirdisch schönen Blütenpracht war durch alle Zeiten Gegenstand von Mystik und Aberglauben, er ist eng mit Frauen- und Schutzkraft verbunden, wo immer er wächst. In der nordischen Mythologe ist der schwarze Holunder der Wohnort von Freya, der nordischen Fruchtbarkeitsgöttin. Vielerorts fühlte sich die Obrigkeit durch den Kult um den schwarzen Holunder so bedroht, dass sie einen Bann über ihn verhängte. Von da an war es streng untersagt und wurde hart bestraft, Bäume zu umarmen, und eine Zeit lang erließen der Papst und die Priester die Order, alle Holunderbäume zu verbrennen.

Über seine heilenden Qualitäten hinaus sind Holunderblüte und -beere wohl hauptsächlich als Küchenzutat bekannt, und zu den Delikatessen aus den üppigen Schirmrispen gehört als kulinarischer Klassiker der Holundersaft. In Skandinavien blüht der Holunder um Mittsommer herum, und wenn Sie Zugang zu einem solchen Baum haben, greifen Sie zu, solange er in seiner jungfräulich prächtigen Blüte steht, die nur von kurzer Dauer ist. Aber lassen Sie noch genügend Blütenrispen dran, damit Sie später auch gegen Erkältung und Halsschmerzen ein paar Beeren für den gesunden Holundersaft ernten können, wenn der erste Schnee fällt.

Sommerkuchen mit Traumflor

Das ist für mich wahres Sommerglück! Backen Sie gleich zwei Böden, wenn Sie schon mal dabei sind. Mit Mascarpone- oder Quarkglasur bestreichen und mit Holunderblüten und -beeren aus Garten, Wald oder Park, vom Nachbarn oder der Sommerwiese dekorieren.

100 g Zucker (oder weniger – nach Geschmack)
6 Eier
350 g gemahlene Mandeln
geriebene Schale einer gewaschenen Bio-Zitrone
max. ½ Tasse (¾ dl) Holunderblütensirup oder alternativ Ahorn- oder Rosensirup
1 Tasse (2 dl) Haferflocken

Für die Glasur:
500 g Mascarpone oder Quark naturell
Samen aus 2 Vanilleschoten
geriebene Schale einer gewaschenen Bio-Zitrone
6 EL Puderzucker (mehr oder weniger – ganz nach Geschmack)
frisch gepflückte, essbare Holunderblüten und -beeren zum Dekorieren

Heizen Sie den Backofen auf 220 °C vor und legen Sie zwei Springformen mit Backpapier aus. Ei und Zucker in einer Schüssel schaumig schlagen. Mandeln und Zitronenschale zugeben, den Sirup vorsichtig unterheben und zum Schluss die Haferflocken unterrühren. Die Masse auf die Springformen verteilen und ca. 40 Minuten auf mittlerer Schiene im Ofen backen. Während der Tortenboden backt, verrühren Sie alle Zutaten für die Glasur und stellen Sie sie kalt. Die runden Böden mit dem Backpapier aus der Form heben, sobald sie fertig gebacken sind, und auf einem Rost abkühlen lassen. Falls Sie nur einen Tortenboden brauchen, frieren Sie den anderen einfach ein. Verteilen Sie die Glasur auf den abgekühlten Böden und verteilen Sie Holunderblüten und -beeren darauf.

Holunderblütensaft

Nach der Nacht, in der mein jüngstes Kind geboren wurde, haben wir zu Ehren des Neugeborenen einen kleinen schwarzen Holunder gepflanzt. Jetzt ist das Kind fast fertig mit der neunten Klasse und der Holunder einer der größten Bäume im Garten; jedes Jahr um Mittsommer ist er mit märchenhaft schönen, hauchfeinen Spitzenschleiern übersät. Es ist ein ganz besonderes Glück, die Holunderblüten mit herrlich frisch duftenden Zitronenscheiben in dem großen Glaskrug zu schichten und den Saft bei der Nachbarin Siv im Keller zu lagern.

60 große Holunderblütendolden
2 l Wasser
1,5 kg Rohrzucker
8 gewaschene Bio-Zitronen

Die Blütendolden am besten mit einer Haushaltsschere vom Baum schneiden und mit kaltem Wasser abspülen, ehe Sie sie abwechselnd mit dicken Scheiben von der Bio-Zitrone in einen Glas- oder Steingutkrug schichten. Den Zucker in kochendem Wasser auflösen und das Zuckerwasser über die Blüten und Zitronenscheiben gießen. Umrühren und das Gefäß mit einem sauberen Baumwoll- oder Leinenstoff abdecken, der mit einem Gummiband und Bindfaden befestigt wird, damit er nicht verrutscht. Den Sud vier bis fünf Tage an einem kühlen, dunklen Ort lagern, dabei zwei- bis dreimal pro Tag umrühren. Danach den Saft durch ein Stück Stoff abgießen und in saubere Flaschen füllen.

Den Saft kühl aufbewahren oder in kleinen Beuteln oder Gefrierbehältern portionsweise einfrieren.

Frittierte Holunderblüten

Näher kann man dem Paradies auf Erden kaum kommen als an einem schönen Mittsommertag, an dem man Holunderblüten geerntet, Sirup und ein persönliches Holunderelixier gekocht und den Frittierteig zum Ruhen in den Kühlschrank gestellt hat. Dieses kleine Wunder ist das ultimative Sommerkonzentrat, unabhängig davon, ob es im Juli schneit oder die Ferien verregnet sind.

Wenn ich an frittierte Holunderblütenrispen denke, erfüllt mich hemmungslose, wilde Lust, und ich vergesse alles, was mit Maßhalten und Bescheidenheit zu tun hat und dass ich am Ende des Sommers wieder aus dem Garten Eden vertrieben werde.

12-16 Holunderblütendolden

200 g gesiebtes Mehl (Dinkel, Emmer oder Weizen)

1 verquirltes Ei

1 Messerspitze unraffiniertes Meer- oder Steinsalz

Mark einer Vanilleschote

250 ml natürliches Mineralwasser mit Kohlensäure

50 ml konzentrierter Holunderblütensaft

2 Verschlusskappen Cognac, Armagnac, Calvados oder einen anderen Apfelbrand

reichlich geschmacksneutrales Öl zum Frittieren – z.B. Erdnuss- oder Sonnenblumenöl

selbst gemachter Holunderblütensirup zum Servieren

Das Mehl in eine Schüssel sieben und eine Mulde in die Mitte drücken. Das verquirlte Ei in die Mulde geben und mit einem Holzlöffel mit dem Mehl zu einer glatten Masse verrühren. Salz und Vanillemark zugeben. Nach und nach das Mineralwasser mit einem Schneebesen zu einer dünnflüssigeren Masse unterrühren. Zum Schluss den Holunderblütensaft und den Branntwein unterrühren. Den Teig vor dem Frittieren mindestens 30 Minuten im Kühlschrank ruhen lassen.

In der Zwischenzeit die Blütendolden unter kaltem Wasser abspülen und mit einem Papiertuch trockentupfen. Öl in eine Pfanne geben, ca. 3 cm hoch, und erhitzen. Jetzt den Teig aus dem Kühlschrank nehmen, die Blütendolden eintunken und einzeln mit der Blütendolde nach unten ein paar Minuten in das heiße Öl setzen, bis sie goldbraun und knusprig aussehen. Heiß und großzügig mit Sirup beträufelt servieren – am liebsten im Freien – und als goldene Sommererinnerung speichern.

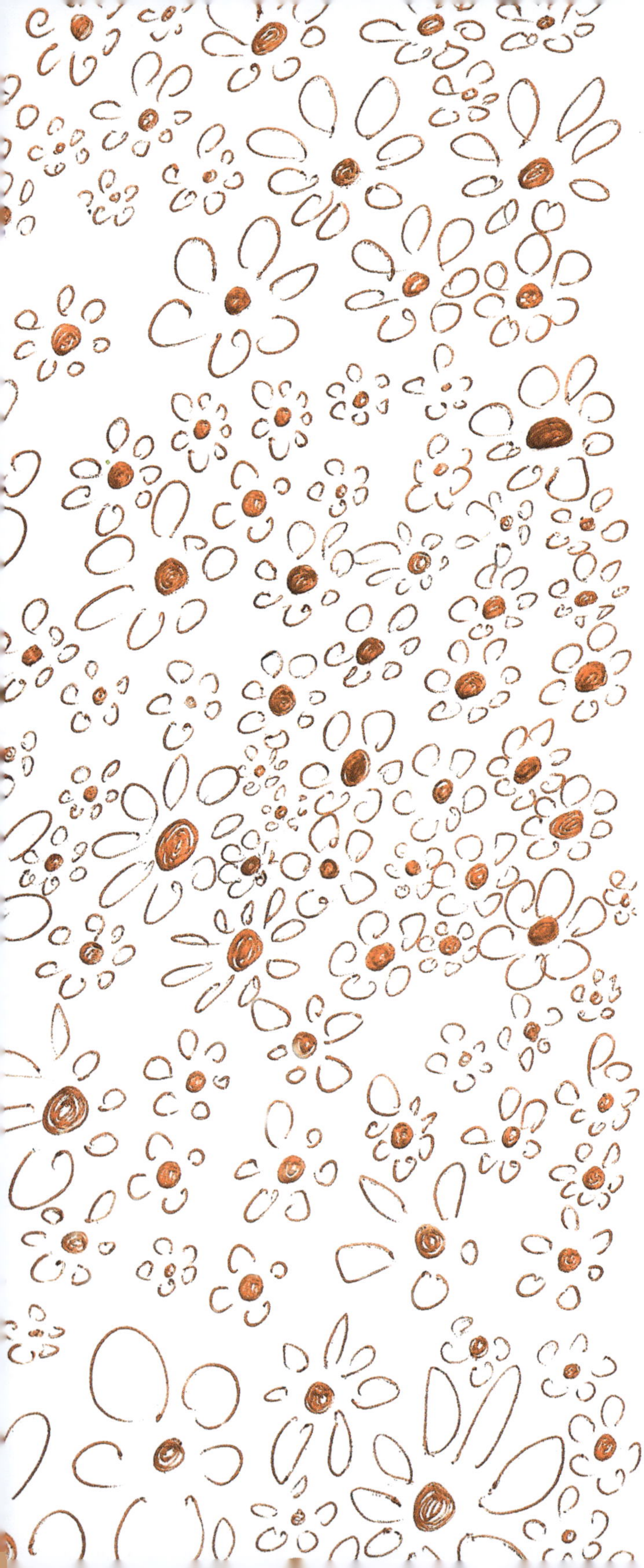

Holunderblütensirup

Die Mühe ist es hundertmal wert – ein absolut magisches Sommerkonzentrat als besondere Geschmacksnote für Kuchen, Drinks und zu den unwiderstehlichen frittierten Holunderblütendolden!

50 Blütendolden vom schwarzen Holunder

4 l kaltes Wasser

2 kg Rohrzucker

Nach dem Pflücken die Blütendolden gut schütteln, damit alle unerwünschten Bewohner sich ein neues Zuhause suchen können. Die Blüten unter kaltem Wasser abspülen, in ein großes Gefäß legen und mit Wasser aufgießen. Bis zum nächsten Tag durchziehen lassen. Die Blüten absieben und die Flüssigkeit in einen großen, dickbodigen Topf geben. Zucker einrühren und mindestens acht Stunden bei niedriger Temperatur köcheln lassen. Ab und zu umrühren.

Den reduzierten Sirup in saubere Flaschen füllen.

Sambucus nigra-Cocktails für Klein und Groß

Wenn der Sommer endlich Einzug hält, gibt es an einem lauen Abend nichts Besseres als einen eiskalten Holunderblütendrink vorm Sonnenuntergang ...

Für die Kleinen:

1 Salatgurke

1 großer Apfel, geschält und in große Stücke geschnitten

Saft von 3 Limetten

300 ml unverdünnter Holunderblütensaft (siehe S. 83)

1 Handvoll frische Minze

Eiswürfel

300 ml Mineralwasser mit Kohlensäure

Die Gurke waschen, in große Stücke schneiden und mit den Apfelstücken in einen Mixer geben (oder, falls Sie einen Pürierstab benutzen, in ein passend großes Gefäß). Den Limettensaft, die Minze und den Holunderblütensaft zugeben und zu einer glatten Masse verarbeiten. In einen größeren Behälter umfüllen und mit Mineralwasser aufgießen. Eiswürfel in ein Glas geben, mit dem Drink auffüllen und servieren.

Für die Großen:

300 ml Gin, Tequila oder Wodka

300 ml unverdünnter Holunderblütensaft (S. 83)

Saft von 2 Zitronen

Saft von 2 Limetten

eine Handvoll frische Minze

Eiswürfel

300 ml Mineralwasser mit Kohlensäure

Den Alkohol, den Saft und die Minze in einen Mixer geben (oder ein großes Gefäß, falls Sie den Stabmixer benutzen). Zu einer glatten Flüssigkeit verarbeiten. Mineralwasser zugeben. Eiswürfel in ein Glas füllen, den Drink aufgießen und servieren.

Doffas Johannisbeersaft

Großvater sitzt vor den Büschen und zieht rubinrote Johannisbeerperlen von den Zweigen, während ich in meinem eigenen Küchengarten ein paar junge Möhren ernte. Die dünnen, im nassen Gras abgewischten Wurzeln lösen eine Glücksexplosion und ein Gefühl von ewigem Sonnenschein in meinem Kindermund aus. Die Halme vom gemähten Rasen kleben an meinen nackten Füßen, als ich zum Haus laufe. Ich setze mich auf die Bank am Fenster, mit Aussicht über die Beerenbüsche, tunke Kardamomzwieback in kellerkalten Saft und male einen Mann und ein kleines Mädchen in einem Boot. Sie angeln und singen. Am Abend liest der Beerenpflücker-Fischer Geschichten von Pelle Schwanzlos (des schwedischen Schriftstellers Gösta Knutsson) oder von Michel aus Lönneberga vor, während ich zuschaue, wie die geliebten Hände die Seiten umblättern und sich hin und wieder über die Glatze streichen. Ich habe unzählige schöne Erinnerungen an Johannisbeeren und Kindheit, Sommerregen und Großvaters Hände.

1,5 kg frisch gepflückte, handverlesene rote Johannisbeeren

3 Tassen (6 dl) Rohrzucker

800 ml Wasser

Kochen Sie alle Zutaten 10 Minuten in einem großen Topf. Die Mischung in ein Saftsieb füllen und durchlaufen lassen. Währenddessen einige saubere Glasflaschen (samt Verschlüssen und Gummiringen) in einen Topf mit kochendem Wasser legen. Sobald der Saft durchgesiebt ist, füllen Sie ihn in die Flaschen und verschließen Sie sie. Den Inhalt bei Zimmertemperatur vollständig abkühlen lassen, ehe Sie den Saft kaltstellen. Da dem Saft außer Zucker kein weiteres Konservierungsmittel zugesetzt wurde, hat er eine relativ begrenzte Haltbarkeit. Genießen Sie ihn also, solange er frisch ist! Wenn sie Freunde zu Johannisbeerbrause einladen wollen, verlängern Sie den Saft mit sprudelndem Mineralwasser.

Rosenrote Feigenmarmelade

Allein die wunderbare rote Farbe einer frisch aufgeschnittenen Feige ist schon Grund genug, diese delikate Marmelade zu machen. Allem voran aber ist diese frische und süße Kombination von Feige, Limette und Honig ein Geschmackserlebnis, das in mir Bilder von einem glitzernden Meer, Sonne und klarblauem Himmel wachruft. Genießen Sie diese Köstlichkeit an Werktagen und an Feiertagen – sie passt besonders gut zu Schimmelkäse oder reifem Brie und einem Glas Chardonnay oder Bourgogne.

6-8 frische Feigen
Saft von 2-3 reifen Limetten
3-4 EL flüssiger Honig

Halbieren Sie die Feigen von oben nach unten und schaben Sie das Fruchtfleisch in einen Topf. Die Limetten darüber auspressen und den flüssigen Honig zugeben, unterrühren und 15 Minuten stehen lassen, ehe Sie den Topf auf den Herd setzen. Die Mischung kurz aufkochen und danach ca. 20 Minuten leicht köcheln. Ab und zu umrühren und darauf achten, dass nichts am Topfboden ansetzt. Je länger die Marmelade köchelt, desto dicker wird sie. Und beim Abkühlen dickt sie noch weiter ein. Die heiße Marmelade in saubere Gläser füllen, abkühlen lassen und fest verschlossen kühl aufbewahren.

Ein Glas rosenrote Feigenmarmelade und ein großzügiges Stück Käse sind bei einer Einladung ein schönes Mitbringsel.

Rhabarber-Chutney

Ein herrlich simples Rezept, um so viel Rhabarber auf einmal zu verarbeiten, dass er für viele Gläser scharfen Frühsommergeschmacks bis weit über Weihnachten hinaus reicht! Eine Art Crossover mit frischem, nordischem Rhabarber und exotischem Ingwer und Cayennepfeffer. Nach den Vorbereitungen muss das Ganze eine bis anderthalb Stunden köcheln. In dieser Zeit können Sie die Gläser sterilisieren, in die das Chutney gefüllt werden soll, und andere wichtige Dinge erledigen, zum Beispiel mit nackten Füßen im Gras sitzen und den Hummeln zuschauen ...

Für 6-8 kleine Gläser brauchen Sie:

3 EL Olivenöl extra vergine

1 große gelbe Zwiebel, grob gehackt

1 daumengroßes Stück frischen Ingwer, auf der Ingwerreibe gerieben

ca. 300 g große gelbe Rosinen (Sultana)

½ l trockener Weißwein

4 EL Blütenhonig

ca. 1 kg Rohrohrzucker

½ TL Cayennepfeffer

ca. 1 kg frischer Rhabarber, geschält und in Stücke geschnitten

Das Öl vorsichtig in einem großen Topf erhitzen. Die Zwiebel, den Ingwer und die Rosinen darin glasig dünsten, nicht braun. Den Wein und die Rosinen einrühren und aufkochen. Zucker, Honig, Cayennepfeffer und Rhabarber zugeben und alles ca. eine Stunde oder etwas mehr bei kleiner Hitze köcheln lassen, bis es die Konsistenz von leicht zähflüssiger Marmelade hat. Zwischendurch umrühren, damit es nicht am Topfboden anbrennt.

Wenn das Chutney fertig ist, füllen Sie es in saubere, luftdicht verschließbare Gläser. Mit hübschen Etiketten versehen können Sie dann stolz Ihre Speisekammer mit den leckeren Spezereien füllen – zum eigenen Verzehr und als begehrte Mitbringsel.

Sommerglück

So einfach kann Glück aussehen – und von so kostbar kurzer Dauer sein. Einen Augenblick nur, und schwups war unser kleines bisschen Sommer nur noch die Erzählung davon, was wir alles erlebt und geschmeckt haben. Und damit kommen die Träume vom nächsten Jahr und was wir in dem Sommer alles machen wollen, ehe er viel zu schnell wieder vorbei sein wird. Im Glücksrausch des Sommers lege ich die letzten knackigen Perlen, die unseren Schattenmorellenbaum schmücken, in klaren Aquavit ein, der von einem der letzten Weihnachtsfeste übriggeblieben ist. Der Kreis schließt sich, wenn das Jahr sich neigt und ich mit den feierlichen roten Sommerbeeren Träume und Sonnenschein aus dem Glas befreie, mit den Jahrgangsbeeren das Silvesterdessert kröne und mich unendlich reich fühle!

Ferienleichtes Zimt-Apfelmus

Luftig frisches und leckeres selbst gekochtes Apfelmus – ganz ohne Zucker! Die perfekte Verwendung für Fallobst.

4 große Äpfel
½ Zitrone
etwas Wasser
¼ TL gemahlener Zimt

So viel Wasser in einen Topf geben, dass der Boden ca. ½ cm bedeckt ist. Den Saft einer halben Zitrone dazugeben. Die Äpfel entkernen und schälen, in Stücke schneiden und in das Zitronenwasser legen. Aufkochen, Zimt darüberstreuen und umrühren. Die Äpfel bei schwacher Hitze köcheln lassen, bis sie zu grobem Mus zerfallen; dabei immer mal wieder umrühren. Das fertige Apfelmus in ein sauberes, trockenes Deckelglas füllen.

Pesto

Gierschpesto

Unkraut für die einen – geliebtes Gartenpesto für mich:

1 l abgespülte Gierschblätter

1 Tasse abgespülte Bärlauchblätter oder 1 chinesischer Knoblauch (4 Knoblauchzehen)

1 Tasse geröstete, geschälte Mandeln

1 TL unraffiniertes Meer- oder Steinsalz

1 Tasse fein geriebenen Pecorino oder Parmesan

½ Tasse Olivenöl extra vergine

Giersch, Bärlauch, Mandeln und Salz in einem großen Mörser grob zerreiben. Abwechselnd geriebenen Käse und Öl zugeben und mit dem Mörser zu einer Paste verarbeiten. Genießen Sie das Pesto zu frisch gekochten Nudeln, auf einer Scheibe geröstetem Brot, zu einer Schale weißer Jumbobohnen (S. 165) oder ganz ungehemmt einfach so ...

Grünkohlpesto mit Mandeln und Äpfeln

1 l frischer, gehackter Grünkohl (ohne Mittelstrunk)

geriebene Schale einer gewaschenen Bio-Zitrone

2 Äpfel, entkernt und in große Stücke geschnitten

1 Tasse (2 dl) geschälte Mandeln

1-2 TL unraffiniertes Meer- oder Steinsalz

Den Grünkohl waschen und die krausen Blätter von dem Mittelstrunk schneiden. Der Kohl lässt sich leichter im Mörser verarbeiten, wenn man ihn vorher hackt. Alle Zutaten in den Mörser füllen und zu einer groben Masse zerreiben. Mit Salz und Pfeffer abschmecken.

Petersilienpesto

Diese Variante ist in meiner Sammlung geschmacklich am dichtesten dran am italienischen Klassiker. Passt ausgezeichnet zu dampfend heißen Spaghetti, auf eine Scheibe geröstetes Bauernbrot, zu einer Schale frisch gekochter Borlottibohnen oder in eine Schale heiße Minestrone.

2-3 Bund fein gehackte Petersilie (glatt oder kraus, geht beides)

1½ Tassen (3 dl) Walnüsse

1 TL unraffiniertes Meer- oder Steinsalz

½ bis 1 chinesischer Knoblauch (oder 2-4 Knoblauchzehen), geschält und geviertelt

1 TL ganzer schwarzer Pfeffer

1 Tasse (2 dl) fein geriebener Pecorino oder Parmesan

ca. 100 ml Olivenöl extra vergine

Die Petersilie fein hacken. Mit den Walnüssen, mit Salz, Knoblauch und den Pfefferkörnern zu einer groben Masse zerstoßen. Esslöffelweise abwechselnd den geriebenen Käse und das Öl dazugeben. Für eine lockere Konsistenz des Pestos geben Sie einfach etwas mehr Öl dazu. Nach Geschmack mit Salz und Pfeffer abschmecken.

Dillpesto mit Pecorino und Pinienkernen

Wie das klassische Pesto alla genovese und Petersilienpesto macht die Dillvariante sich ausgezeichnet mit einem Teller gekochter Nudeln oder lauwarmen, weichen Bohnen, in Gemüsesuppe oder auf geröstetem Brot.

1 kleine Tasse (1,5 dl) geröstete Pinienkerne
3 Bund frischer Dill, fein gehackt
geriebene Schale einer gewaschenen Bio-Zitrone + Saft einer halben Zitrone
½ bis 1 chinesischer Knoblauch (oder 2-4 Knoblauchzehen), geschält und geviertelt
1 TL unraffiniertes Meer- oder Steinsalz
1 Tasse (2 dl) fein geriebenen Pecorino
ca. 100 ml Olivenöl extra vergine

Zuerst die Pinienkerne leicht und vorsichtig in einer Pfanne fettfrei rösten. Ein paar Minuten abkühlen lassen, bevor Sie sie mit dem fein gehackten Dill, Zitronenschale, Knoblauch und Salz im Mörser zu einer groben Paste zerreiben. Abwechselnd einen Esslöffel Käse und Öl dazugeben. Am Ende mit Zitronensaft und eventuell mehr Salz und frisch gemahlenem schwarzem Pfeffer abschmecken.

Mit Körner-Kerne-Mix panierte Zucchinimedaillons

Fantastisch einfache, nahrhafte und knusprige Alternative für die Bratpfanne!

2 mittelgroße Zucchini
1 Ei
1 Handvoll Kürbiskerne
1 Handvoll Leinsamen
1 Handvoll Sonnenblumenkerne
1 Handvoll Sesamkörner
1 TL unraffiniertes Meer- oder Steinsalz
frisch gemahlener schwarzer Pfeffer
Bratöl oder Kokosfett

Schneiden Sie die Zucchini in zentimeterdicke Scheiben. Das Ei in einem tiefen Teller verquirlen. Die Zucchinischeiben in der Eimasse wenden. Die Kürbiskerne, Leinsamen und Sonnenblumenkerne im Mixer, der Küchenmaschine oder der Nussmühle zu einer groben Masse verarbeiten und mit den Sesamkörnern, Salz und Pfeffer mischen. Den Körner-Kerne-Mix auf einem flachen Teller verteilen und die in Ei gewendeten Zucchinischeiben darin wenden, bevor sie in einer mittelheißen Pfanne in Fett gebraten werden. Achten Sie darauf, dass das Öl nicht zu heiß wird und zu dampfen beginnt.

Möhrenhummus

Wunderbar einfach und wirklich lecker – mit anderen Worten: ein echter Sommersnack.

4 EL Olivenöl extra vergine, Sesamöl (ungeröstet) oder Nussöl, z.B. Walnuss
5 Möhren
1 frische rote Chilischote, entkernt und grob gehackt
2 chinesische Knoblauch, geschält und fein geschnitten
1 EL gemahlener Kreuzkümmel
1 EL Sesamkörner
1 TL unraffiniertes Meer- oder Steinsalz
3 EL Tahini (gerne selbst gemacht, s. S. 38)
2 EL flüssiger Honig
ein paar Tropfen Zitronensaft

Den Backofen auf 180 °C vorheizen und eine feuerfeste Form mit dem Öl einfetten. Die Möhren der Länge nach halbieren, in die Form legen und Knoblauch, gehackte Chilischote, Kreuzkümmel, Sesamkörner und Salz darüberstreuen und alles vermischen. Die Form auf die mittlere Schiene für 35 bis 45 Minuten in den Ofen schieben. Danach den Inhalt der Form in eine Küchenmaschine oder einen Mixer umfüllen und mit Tahini, Honig und Zitronensaft zu einem weitgehend glatten Mus verarbeiten – aber nicht völlig pürieren.

Servieren Sie Möhrenhummus mit frisch gebackenem Pitabrot oder Körner-Knäckebrot (S. 51), einem eiskalten Glas Bier oder einem kräftigen Weißwein.

Kräutersalz

Mit ein paar frischen Kräutern wie Oregano, Thymian, Liebstöckel und Rosmarin können Sie ganz einfach Ihr persönliches Kräutersalz kreieren! Zupfen Sie einen Liter Kräuter, gerne eine Mischung von allem, spülen Sie sie ab und legen Sie sie auf ein trockenes Küchenhandtuch. Ein zweites Handtuch darüberbreiten und die Kräuter trockentupfen. Danach in einen Mixer (o.Ä.) füllen, 500 g unraffiniertes Salz dazuschütten und feinkörnig verarbeiten. Die Masse auf einem mit Backpapier ausgelegten Backblech verteilen und bei 75 °C mit einem Kochlöffel in der Backofenklappe vier bis fünf Stunden im Ofen trocknen lassen. Experimentieren Sie nach Lust und Laune und kombinieren Sie mit verschiedenen Zwiebelsorten und Paprika, Chili oder Sellerie; achten Sie dann nur darauf, die Salzmenge entsprechend zu erhöhen – und entsprechend die Trockenzeit, je mehr Feuchtigkeit verdampfen muss. Nach dem Abkühlen das Salz in kleine Gläser mit luftdichten Verschlüssen füllen.

1 l frische Kräuter
500 g unraffiniertes Meer- oder Steinsalz

Wildkräuterbutter

200 g weiche Butter
1 EL Löwenzahnblätter
1 EL Löwenzahnblüten
1 EL Giersch
1 EL Bärlauch oder Schnittlauch
1 TL Kräutersalz (siehe Rezept oben)

Die Kräuter abspülen und feinhacken. Mischen Sie alle Zutaten gründlich mit einer kräftigen Gabel und lassen Sie die unterschiedlichen Geschmacksnuancen sich ein paar Stunden aneinander gewöhnen, ehe Sie die Wildkräuterbutter etwa zu gegrillten Maiskolben servieren.

Salsa Agresto auf meine Art

Salsa Agresto gehört zu den Veteranen der klassischen italienischen Küche, es hat seinen Ursprung im Mittelalter – und in einem Essig aus unreifen hellen Trauben. In Ermangelung letzterer Zutat habe ich mich zu einer Variante mit dem Saft von Zitrone und Limette durchexperimentiert. Der eine oder andere Römer würde wahrscheinlich die Nase rümpfen über meine Abwandlung dieses kulinarischen Themas, aber das nehme ich nicht allzu schwer, weil ich finde, dass das Resultat sich in keiner Weise hinter dem Original verstecken muss. Ich bereite diese Geschmacksbombe in einem großen Mörser zu (was den strengen Römer wieder milder stimmen dürfte) und serviere die Salsa zu Pellkartoffeln oder frisch gekochten Bandnudeln oder Spaghetti, gerne mit einem einfachen, frischen Tomatensalat als Beilage.

150 g Walnüsse (ohne Schale)

1 großer chinesischer Knoblauch (oder 5 Knoblauchzehen), geschält und geviertelt

1 TL unraffiniertes Meer- oder Steinsalz

1 großer Bund fein gehackte glatte Petersilie

150-250 ml Olivenöl extra vergine – je nachdem, welche Konsistenz die Soße haben soll

Saft von 2 reifen Limetten

Saft einer Zitrone

1-2 EL flüssiger Blütenhonig

Walnüsse, Knoblauch, Salz und Petersilie in einem großen Mörser zu einer glatten Paste zerreiben. Portionsweise das Öl und den Zitrussaft zugießen, zum Schluss den Honig, ehe Sie mit mehr Salz und frisch gemahlenem Pfeffer abschmecken. Die Salsa Agresto gewinnt, wenn sie vor dem Servieren noch eine Weile zieht, damit alle Geschmacksnuancen sich entfalten können.

Kyria Katharinas Bauernsalat

Ich könnte den ganzen Sommer von griechischem Salat leben, wenn er so serviert wird, wie Kyria Katharina ihn zubereitet. Mit sonnenreifen Tomaten, Gurke und Zwiebeln, die nicht weiter als zwanzig Meter aus der warmen Erde bis auf den Tisch unter den Strohmatten am Ägäischen Meer zurückgelegt haben. Kreideweißer Feta von den Ziegen, die jeden Morgen an meinem Fenster vorbeiziehen, und Oliven von den silbergrauen Bäumen im Garten hinter dem Haus. Katharinas Spezialität besteht darin, diese selige Köstlichkeit mit säuerlich eingelegten Kapernblättern zu krönen. Ich bin ziemlich konservativ, was griechischen Bauernsalat angeht, er sollte nicht mehr als fünf Basiszutaten beinhalten, aber die Kapernblätter geben dem Ganzen einen Frischekick und passen hervorragend zu diesem Klassiker. Wenn ich den Bauernsalat zu Hause nachmache, nehme ich statt Kapernblättern Riesenkapern.

4-6 große sonnenreife Tomaten, in dicke Scheiben geschnitten

1 Salatgurke, geschält, der Länge nach halbiert und in dicke Scheiben geschnitten

1 rote Zwiebel, in dünne Ringe geschnitten

1 Tasse Kalamata-Oliven oder eine andere Sorte

200 g Ziegenfeta in dicken Scheiben

50 g Riesenkapern

Olivenöl extra vergine

unraffiniertes Meer- oder Steinsalz

frisch gemahlener schwarzer Pfeffer

Verteilen Sie das Gemüse auf einer Platte oder portionsweise auf tiefen Tellern. Den Feta darauflegen, mit Olivenöl beträufeln, mit Salz und schwarzem Pfeffer aus der Pfeffermühle würzen.

Die weltbeste Tomatensoße

Das ist nicht nur einfach die wunderbarste und wohlschmeckendste Tomatensoße überhaupt – sondern sie ist auch noch erfrischend einfach zuzubereiten. Sie brauchen nur den Backofen vorzuheizen, alle Zutaten auf dem Backblech zu verteilen, sie in die Hitze zu schieben und nach ungefähr einer halben Stunde wieder rauszunehmen. Danach können Sie die Soße über Pasta, Pizza, gebratenem weißem Fisch oder Hähnchen, einer gerösteten Scheibe Bauernbrot verteilen oder sie in einer Schale mit einer Portion weißer Jumbobohnen (S. 165) zusammenbringen und einfach genießen.

50 ml Olivenöl extra vergine

½ kg sonnenreife Eiertomaten oder andere kleine Tomaten mit viel Geschmack

3 chinesische Knoblauch oder Zehen einer ganzen Knoblauchknolle

1 Bund Basilikumblätter (entspricht ungefähr einem großen Topf Basilikum)

ein paar Zweige frischer Thymian oder eine Handvoll frische Oreganoblätter

3 EL weißer Balsamicoessig

2-3 TL unraffiniertes Meer- oder Steinsalz

frisch gemahlener schwarzer Pfeffer

Den Backofen auf 200 °C vorheizen. Wenn die Tomaten größer als Cherrytomaten sind, an der oberen Spitze kreuzweise einschneiden. Zuerst das Öl, dann die Tomaten und übrigen Zutaten auf einem Backblech verteilen und eine halbe Stunde oder länger in den vorgeheizten Ofen schieben. Je länger die Tomaten im Ofen sind, desto intensiver ist der Geschmack der Soße.

Tsatsiki

Ein Klassiker, der keiner genauen Präsentation bedarf.

½ Salatgurke
2 TL unraffiniertes Meer- oder Steinsalz
½ l fetter griechischer oder türkischer Joghurt (10% Fett)
½ chinesischer Knoblauch (oder 2 Knoblauchzehen), zerdrückt
1 EL fein gehackte frische Minze
¼ TL Weißweinessig
1 EL Olivenöl extra vergine
frisch gemahlener schwarzer Pfeffer

Die Gurke mit einem Käsehobel schälen, grob auf einer Küchenreibe in ein Sieb raspeln. Das Salz darüberstreuen und eine halbe Stunde über einen Topf hängen. Danach die überschüssige Flüssigkeit ausdrücken und die Gurkenraspel mit den anderen Zutaten mischen. Mit Salz und frisch gemahlenem Pfeffer abschmecken.

Minzmelone

Wassermelone pur ist an warmen Tagen schon unübertrefflich und ohne jeden Zusatz ausreichend erfrischend, aber eine kleine Portion fein gehackte, frische Minze hebt diesen Sommerklassiker in besondere geschmackliche Höhen. Sympathiepunkte sind Ihnen gewiss, wenn Sie am Strand eine Frischhaltebox mit Minzmelone aus Ihrer Tasche zaubern.

½ Wassermelone, geschält und in große Stücke geschnitten
1 Bund fein gehackte, frische Minze

Zimtmelone wie auf Samos

Auf einer Bootstour entlang der Insel Samos wurde irgendwann eine Platte mit großen, gelben Honigmelonenstücken herumgereicht, die mit frisch gemahlenem Zimt bestreut waren. Dieses ungewöhnliche und ganz wunderbare Geschmackserlebnis habe ich als Souvenir mit nach Hause genommen. Es ist der krönende Abschluss einer Mahlzeit oder eine einfache Erfrischung, Beilage zum Käseteller oder zum Schinken auf dem Tapas-Büffet.

1 große gelbe Melone, z.B. Galia
gemahlener Zimt, gerne frisch

Die Melone schälen und in dicke Würfel schneiden. Etwas Zimt auf einen großen Teller streuen und vorsichtig so viele Melonenstücke darauflegen, wie nebeneinander Platz haben. Erneut mit Zimt bestreuen. Wenn noch genügend Melonenstücke übrig sind, können Sie eine zweite Schicht darüberlegen und mit einer vorsichtigen Prise Zimt abschließen.

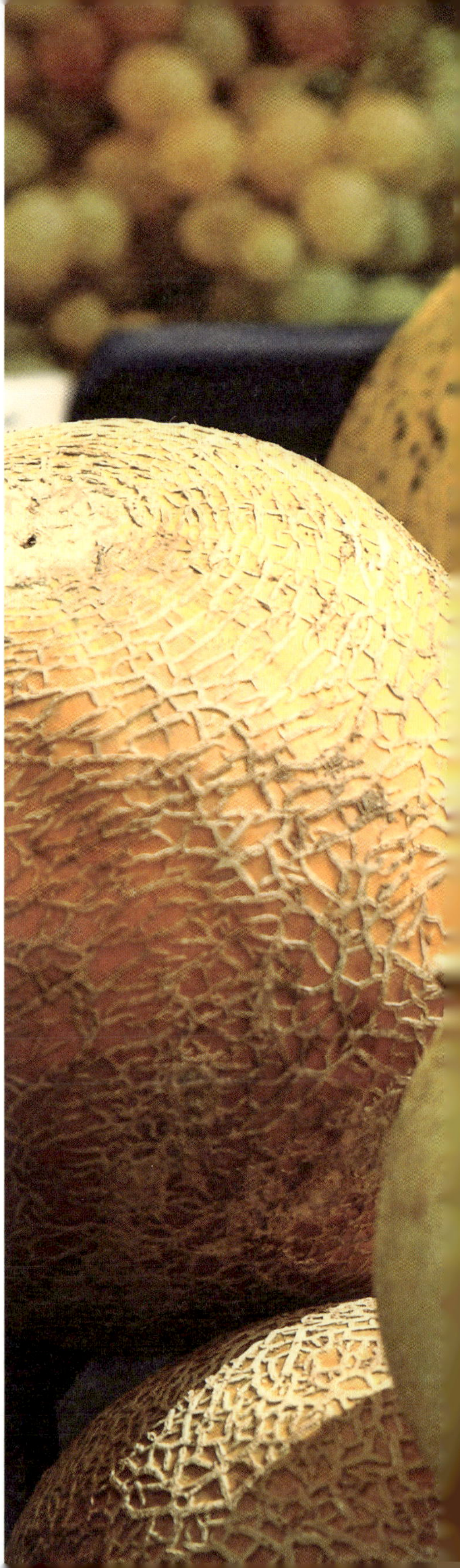

Petersilienfeta

Petersilie ist außerordentlich gesund und geschmacksintensiv. Wir sollten jede Gelegenheit nutzen, viel davon zu essen! Zum Beispiel als grüne Vitaminspritze zum weißen Fetakäse.

1 großer Bund fein gehackte Petersilie – glatt oder kraus
200 g Fetakäse
2-3 EL Olivenöl extra vergine
unraffiniertes Meer- oder Steinsalz
frisch gemahlener schwarzer Pfeffer

Zerdrücken Sie alle Zutaten mit einer großen Gabel in einer Schüssel. Schmecken Sie sich zu der gewünschten Menge Salz und Pfeffer vor und probieren Sie den Petersilienfeta auf körnig-knusprigem Knäckebrot (S. 51)!

Tipp: Probieren Sie andere Kräuter aus, wenn Sie den Käse noch grüner mögen – zum Beispiel frischen Dill, Rosmarin, Oregano oder Schnittlauch. Oder einen bunten Kräuterstrauß.

Sonnenscheindrink

Dieser Drink ist eine leckere Alternative zu Saft und Softdrinks und kann mit verschiedenen Früchten in Kombination mit Apfelsaft und kohlensäurehaltigem Mineralwasser variiert werden. Die angegebene Menge ergibt zwei, drei große Krüge – gerne aus Glas, damit man die hübschen Zutaten auch sieht.

1 l Apfelsaft
1 l Mineralwasser
1 Bio-Orange
1 Bio-Zitrone
1 Bio-Limette

Die Früchte waschen und in Scheiben schneiden. Der Sonnenscheindrink lässt sich gut vorbereiten, indem man die Fruchtscheiben mit dem Apfelsaft ansetzt und das Mineralwasser erst kurz vorm Servieren zugießt, damit die erfrischende Kohlensäure nicht verschwindet.

Guacamole goes nordic

Man kann eine leckere Guacamole machen, die nicht nur aus Avocado besteht. Dabei habe ich gar nichts gegen Avocado – im Gegenteil, sie ist eine der tollsten Früchte, die ich kenne und oft verwende. Aber sie wird dort, wo ich lebe, nicht im großen Stil angebaut. Also muss die Avocado (wie leider viele andere Köstlichkeiten auch) erst um die halbe Welt reisen, bis sie in meiner Küche landet, und oft ist sie dann nicht mehr wirklich frisch. Daher meine Idee, die Guacamole mit lokalen Zutaten zu «strecken». Knoblauch und Chili müssen keine weitgereisten Zutaten sein, die kann man einfach selber ziehen: auf dem Fensterbrett, dem Balkon oder im Beet vor einer sonnenwarmen Wand.

1 Limette
2 reife Avocados
1 Apfel, geschält, entkernt und in grobe Stücke geschnitten
½ Salatgurke, geschält und in große Stücke geschnitten
2 EL Honig
3 Knoblauchzehen
1-2 TL unraffiniertes Meer- oder Steinsalz
1 frische rote Chilischote, fein gehackt, entkernt
1 frische grüne Chili, fein gehackt, entkernt

Rollen Sie die Limetten auf der Arbeitsfläche, bis sie weich wie Gummibälle sind. Quer halbieren und so viel Saft wie möglich aus den Hälften in eine Schale pressen. Die Avocados halbieren und das Fruchtfleisch in den Limettensaft schaben. Die Apfelstücke dazugeben und umrühren. Gurkenstücke und Honig zufügen und zu einem groben Mus verarbeiten. Die Knoblauchzehen und das Salz in einem Mörser zu einer weichen Paste zerreiben und zusammen mit der fein gehackten Chilischote in die grüne Masse rühren.

Guacamole gehört zu jedem Taco-Essen, in Wigwam-Wraps (S. 145) oder auf Körner-Knäckebrot (S. 51).

Nachtmahl

Man nehme drei zitternde, pudelnasse und hungrige Elfjährige in einem heftigen Gewitter auf einer (fast) einsamen Insel in den schwedischen Schären, große weiße Bohnen vom Vortag, ein paar grüne, vor dem Sturm gerettete Kräuter, ein großes Stück reifen Parmesan, frisch gemahlenen schwarzen Pfeffer und eine Prise Faszination des Schreckens – fertig ist ein Klassiker und vielleicht eins der denkwürdigsten Nachtmahle des Lebens.

3 EL Olivenöl extra vergine

1 große gelbe Zwiebel, in dünne Spalten geschnitten

500 g weiße Riesenbohnen oder andere gekochte große weiße Bohnen

2 ½ Tassen grüne Kräuter – z.B. Basilikum, glatte Petersilie (fein gehackt), Oregano, Thymian oder Rosmarin (fein gehackt), gerne auch gemischt

2 ½ Tassen (ca. 500 g) fein geriebenen Parmesan plus ein großzügiges Stück, um es auf den Tisch zu stellen

1 TL unraffiniertes Meer- oder Steinsalz

frisch gemahlener schwarzer Pfeffer

Erhitzen Sie das Öl in einer Pfanne und dünsten Sie die Zwiebeln glasig an. Die Bohnen dazugeben, umrühren, dann die Kräuter untermischen und zum Schluss den Käse. Mit Salz und Pfeffer abschmecken. Wieder umrühren und servieren, wenn der Käse zu schmelzen beginnt. Stellen Sie einen Korb körniges Knusperknäcke (S. 51), Butter, ein großes Stück Parmesan und eine Käsereibe und einen guten Schluck auf den Tisch. Gute Nacht!

Grüne Kiste

Der Sommermodus ist langsam, zeitlos und fast ewig – wie in der Kindheit, als der Sommer sich wie ein ganzes Jahr anfühlte, mit Raum für die Unendlichkeit, mit Himbeerausflügen, Mückenstichen, Morgenbädern, staubigen Feldwegen, Sommerregen, Rasenmähen und Tau auf nackten Füßen, mit Blumenkränzen, Feuerquallen, Fischen an der Angel, Malen bei Gewitter, Radioprogrammen, Kartenspiel, Außenborder, Möwengeschrei, langen Schatten, Pfifferlingen und Meeresleuchten. Mit dem Erwachsenwerden hat sich der Sommer unmerklich in etwas Exklusives, wertvoll Kurzes und nahezu Heiliges verwandelt. Ich liebe den Sommer! Und wenn er mir erst unter die Haut gekrochen ist und mich selig wärmt, möchte ich möglichst von nichts gestört werden.

Darum bin ich ein Anhänger von Sommermahlzeiten, die sich sozusagen selber kochen. In einen großen Topf mit Deckel, der Ofenwärme verträgt, kann man alle wilden und zahmen Gewächse um sich herum einfüllen und mit einer Dose Bohnen oder dem Fisch, den man gefangen hat, einem Schuss Öl und eventuell dem Rest der Flasche Wein vom Vorabend und ein wenig Salz ergänzen und das Ganze in den Backofen schieben. Dann kann man sich selbst auf die Außentreppe setzen und den jungen Schwalben bei den ersten Flugversuchen zuschauen oder baden gehen. Die Zutaten werden umso besser, je länger sie im Ofen sind, also genießen Sie die Zeit dazwischen.

Frische Kräuter aus Garten, Wiese, Acker, Wald, Verandakästen oder dem Supermarkt um die Ecke:

Tomaten
Knoblauch
Zwiebeln
1 Möhre
Paprika
Himbeeren
Kartoffeln
Löwenzahnblätter
Zucchini
Spinat
Fenchel
Zuckererbsen
Liebstöckel
Steckrübe
Porree
Bärlauch
Mangold
Chili
ein Schuss Wein, Sherry, Balsamico- oder Apfelessig
ein paar Esslöffel Speiseöl oder Butter
unraffiniertes Meer- oder Steinsalz oder Kräutersalz (gerne selbst gemacht, s. S. 109)
frisch gemahlener Pfeffer
evtl. ein Stück Feta oder anderen Käse, eine Dose Bohnen, Fischfilet, Hähnchenfleisch oder ein Rest vom Vortag

Den Backofen auf 200 °C vorheizen. Alle gewünschten Zutaten mit einem Schuss Öl oder einem Klacks Butter in dem Topf mischen, mit Salz oder Kräutersalz und einem Schuss von einer der säuerlichen Zutaten auf der Liste (oder was Sie sonst Spannendes in Ihren Schränken finden) würzen. Dann Deckel drauf, auf mittlerer Schiene in den Ofen schieben und rausgehen und den Sommer genießen! Wenn der Topf länger als eine Stunde im Ofen stehen soll, drehen Sie die Temperatur etwas herunter. Probieren Sie aus, was Zutaten, Temperatur und Zeit angeht. Und machen Sie es sich gemütlich, wenn der Topf im Ofen steht.

THERMOS
LIGHT & COMPACT
Fram

Ausflug

Ein ordentlicher Ausflug ist für mich ohne irgendeine Form von Picknick nicht vollkommen. Am liebsten mag ich es, wenn das Ziel der Tour ein besonderes Event mit irgendeiner Form von Essenzubereitung ist. Für manche Picknicks kann man schon zu Hause etwas vorbereiten. Das muss auch gar nichts Kompliziertes sein und braucht keinen großen Aufwand. Eine einfache Tasse Kaffee aus einer gut isolierenden Thermoskanne oder ein Rest vom Vortag schmeckt an der frischen Luft noch mal so gut; das gilt auch für einen spontanen Fang vor Ort – in der Glut vom Lagerfeuer gegarte Miesmuscheln oder selbst gepflückter, zwei Minuten auf dem Rost gegrillter Mais direkt vom Acker – mit selbst gemachter Wildkräuterbutter. An der frischen Luft schmeckt bekanntlich alles besser als irgendwo sonst, und ich habe es noch nie bereut, ein Picknick mitgeschleppt zu haben, aber umso öfter, wenn ich es nicht getan habe.

Toms gegrillte Einsame-Insel-Ananas

Diese Zubereitungsart von Ananas habe ich in einem fürchterlichen Unwetter nach dem Schiffbruch auf einer einsamen Insel kennengelernt. Nachdem der Sturm einigermaßen abgeebbt war, haben wir ein Lagerfeuer gemacht und dicke, frische Ananasringe auf die Glut gelegt, bis die Oberfläche karamellsüß und goldbraun war, hübsch verziert mit den dunkelbraunen Streifen vom Rost, auf dem sie lagen. So simpel und soooo gut! Zur absoluten Krönung der goldenen Ringe serviert man sie in Kombination mit samtweichem Sahneeis mit echter karibischer Bourbon-Vanille – wenn man daran gedacht hat, diese Zutaten vorm Stranden auf der einsamen Insel einzupacken ...

Paradise-Valley-Mix

Eine eigentlich zufällige Mischung aus leckeren Zutaten, die gut zusammenpassen, lange sattmachen und eine Wanderung über Berge und durch Täler vertragen.

1½ Tassen (3 dl) Kardamomreis
1½ Tassen (3 dl) geröstete, salzige Erdnüsse
1½ Tassen (3 dl) Sultanas (große, gelbe Rosinen)
1½ Tassen (3 dl) Tamari-Linsen (S. 42)
½ Tasse (1 dl) Sesamkörner

Alle Zutaten in einer großen Schüssel mit fest verschließbarem Deckel mischen oder portionsweise in kleineren Gefäßen.

Topping, das in einem extra verschließbaren Behälter aufbewahrt wird:

1½ Tassen Granatapfelkerne, Johannisbeeren oder kleingeschnittene Grapefruit – oder eine Mischung von allem.

Pippin-Mix mit Cranberry und Zimt

«Meine Herren, wir rasten nicht vor der Dämmerung», teilt Aragorn seinen Gefährten, den Hobbits Frodo, Sam, Merry und Pippin, freundlich mit.

«Und wann frühstücken wir?», fragt Pippin empört.

«Wir haben schon gefrühstückt», bekommt er zur Antwort.

«Ja, das erste Frühstück hatten wir, aber was ist mit dem zweiten?»

Aragorn dreht sich um und geht weiter.

«Mir scheint, er kennt kein zweites Frühstück, Pip», erklärt Merry seinem enttäuschten Freund.

«Und was ist mit der Elf-Uhr-Mahlzeit? Mittagessen? Nachmittagstee? Spätnachmittagsimbiss, Abendessen? Die kennt er doch hoffentlich, oder?!»

«Ich würde mich nicht darauf verlassen», antwortet Merry mürrisch.

Mein Mutterherz klopft mitfühlend mit den armen Hobbits, die ihr sorgloses, bedächtiges Dasein im Auenland verlassen haben und sich als Kuriere des Rings gegen Mordor auf eine spartanische, gefährliche Wanderung begeben, unter der Leitung des genügsamen Aragorn, der seine Heldentaten offenbar ausführen kann, ohne was zu essen oder zu trinken. Wie gerne würde ich ihnen als Trost etwas Proviant zustecken, etwas Gutes, Nahrhaftes, das den Mut und die Laune aufrechthält!

1 Tasse (2 dl) Pecannüsse
1 Tasse (2 dl) Haselnüsse
1 Tasse (2 dl) trocken geröstete, geschälte Mandeln
1 Tasse (2 dl) getrocknete Cranberries
1 Tasse (2 dl) grob gehackte getrocknete Aprikosen
1 Tasse (2 dl) getrocknete Apfelstückchen
1 TL (frisch) gemahlener Zimt
geriebene Schale einer gewaschenen Bio-Zitrone
2 TL frisch gestoßener Rosenpfeffer

Supernahrhafte Tour-Kugeln

Diese selbst gemachten Energiebomben aus getrockneten Früchten und gehackten Nüssen und Mandeln sind die reinsten Goldklumpen im Rucksack bei einer ordentlichen Wanderung.

1 Handvoll Datteln

1 Handvoll getrocknete Feigen (den harten Stiel wegschneiden)

1 Handvoll getrocknete Aprikosen (braun und ungeschwefelt)

1 Handvoll grob gehackte Haselnüsse

1 Handvoll fein gehackte Mandeln

1 Handvoll grob gehackte Walnüsse

3 EL Kokosmasse

geriebene Schale einer Bio-Orange

1 Vanilleschote

1-2 EL neutrales Öl, z.B. Traubenkern- oder Sonnenblumenöl zum Rollen der Kugeln

Die Trockenfrüchte in eine Schüssel legen, mit kochendem Wasser übergießen und ca. eine halbe Stunde stehen lassen. Das Waser abgießen, die Steine der Datteln mit einem Messer entfernen und alles kleinhacken. Die kleinen Fruchtwürfel mit den gehackten Nüssen, Mandeln, der Kokosmasse und der geriebenen Orangenschale mischen. Dann das Mark aus der Vanilleschote kratzen und gleichmäßig in die Masse einarbeiten. Geben Sie nun etwas Öl in die Handflächen und rollen Sie die Masse zu kleinen, mundgerechten Portionen. Die Kugeln leicht zugänglich in luftdichtem Behälter aufbewahren.

Gefüllte Sonnenuntergangsäpfel vom Grill

Die Füllung für mein Sommer-Lieblingsdessert lässt sich wunderbar zu Hause vorbereiten und in einem luftdicht verschließbaren Glas oder einem anderen Behältnis mit zum Picknick nehmen.

1½ Tassen (⅓ l) gemahlene Mandeln
1½ Tassen (⅓ l) gehackte Haselnüsse
1½ Tassen (⅓ l) gehackte Walnüsse
2 TL zerstoßener Zimt
2 TL grüner Kardamom, gemahlen oder frisch zerstoßen
3 dl flüssiger Honig oder Ahornsirup
geriebene Schale einer gewaschenen Bio-Zitrone
Äpfel
Aluminiumfolie

Die Zutaten für die Füllung vermischen. Dann die Kerngehäuse der Äpfel ausstechen – aber das Loch nicht ganz durchbohren. Die Aushöhlung mit der Masse füllen und die Äpfel einzeln in Alufolie verpackt mit dem Boden nach unten auf die Glut eines Grills legen. Wenn die Äpfel anfangen, einzusinken und weich zu werden, sind sie fertig. Dazu passt hervorragend dicker, fetter, griechischer Joghurt und ein paar extra Tropfen flüssiger Honig. Genießen Sie den Abend, den Sonnenuntergang, den Nachbarn, das Meer, den Himmel und das Leben.

Gegrillter Mais

Maiskolben sind das ideale Ausflugsessen für den Grillrost über einem offenen Feuer. Wer das Glück hat, in der Nähe eines Maisbauern zu leben, der zum Selbstpflücken einlädt, sollte flugs in die Stiefel steigen und sich zur Ernte aufmachen. Saftiger und süßer als direkt vom Feld gepflückt können Maiskolben nicht schmecken. Packen Sie eine Portion Wildkräuterbutter (S. 109) ein, bevor Sie sich auf den Weg machen!

Koriander-Topping

Passt perfekt zu einer dampfend heißen Wintersuppe – oder einer Portion Thai-Hühnchen, kross gebratenem weißem Fisch oder frisch gekochter Pasta.

½ l gezupfter und abgespülter frischer Koriander ohne Stiele

½-1 chinesischer Knoblauch (oder 4 Knoblauchzehen), geschält und geviertelt

1 frische grüne Chilischote, entkernt und fein gehackt

1 TL unraffiniertes Meer- oder Steinsalz

1 Tasse (2 dl) leicht geröstete, ungesalzene Cashewkerne

1 EL flüssiger Blütenhonig

Saft von 3 Limetten (die Limetten mit dem Handballen auf der Arbeitsfläche rollen oder mit der Fußsohle auf dem Boden, bis sie weich sind wie ein Gummiball!)

1 EL weißer Balsamicoessig oder Reisessig

Streuen Sie zuerst die Cashewkerne in eine trockene, nicht zu heiße Pfanne und lassen Sie die Kerne nicht aus den Augen, bis sie goldgelb werden und ein unwiderstehlich nussiges Aroma von sich geben. Beiseite stellen und abkühlen lassen, ehe Sie sie mit Knoblauch, Chili und Salz zu einem groben Brei verarbeiten und Honig, Limettensaft und weißen Balsamico (Reisessig) unterrühren. Eventuell mit etwas mehr Salz abschmecken.

Polarforschersuppe

In richtig kalten Wintern friert der Fjord zu, an dem ich lebe, dann kann man das weiß bepuderte Wasser mit Skiern überqueren und nach Uranienborg fahren, wo Roald Amundsen gewohnt hat, als er sich auf seine letzte Expedition begab (die er nicht überlebte): seinen Erzrivalen Umberto Nobile zu retten, der auf dem Weg vom Nordpol nach Svalbard mit seinem Luftschiff auf einer Eisscholle abgestürzt war. Nobile, einer der wenigen Überlebenden der Havarie, musste sich für den Rest seines Lebens gegen Anklagen wehren, seine schiffbrüchige Mannschaft in der Eisödnis im Stich gelassen zu haben.

Ich habe so manchen Sonntag, wenn ich mit heißer Suppe in der Thermoskanne übers Eis nach Uranienborg gelaufen bin, unserem Nationalhelden ein paar warme Gedanken gewidmet und hätte ihm gern eine heiße, dampfende Mahlzeit gekocht, als er am heftigsten gefroren und sich nach seinem Heim in Svartskog gesehnt hat. Meine Polarforschersuppe ist eine Huldigung an all jene, die ihre Träume leben und tun, woran sie glauben.

3 EL Kokosöl

1 gelbe Zwiebel, grob gewürfelt

1 rote Paprika, in kleine Würfel geschnitten

1 frische rote Chilischote, fein gehackt

1 Prise frisch geriebener Ingwer

1 chinesischer Knoblauch (oder 4-5 Knoblauchzehen), in dünne Scheiben geschnitten

250 g rote Linsen, gewaschen

1½-2 l heiße Gemüsebrühe

Saft einer Limette

Erhitzen Sie das Kokosöl langsam in einem großen Topf. Die gehackte Zwiebel, Paprikawürfel, Chili und den geriebenen Ingwer ein paar Minuten unter ständigem Rühren darin glasig dünsten. Die dünnen Knoblauchscheiben dazugeben und kurz mitdünsten. Jetzt die Linsen zugeben und die Gemüsebrühe angießen. Das

Ganze etwa eine Viertelstunde köcheln lassen, bis die Linsen gar sind. Den Limettensaft direkt in den Topf pressen und umrühren. Mit Salz und Pfeffer abschmecken. Die Suppe in eine große Thermoskanne füllen und die Skier unterschnallen!

Tipp: Für den Extrakick des Reiseproviants empfehle ich ein Glas selbst gemachtes Kokos-Chutney (S. 61) oder Koriander-Topping (siehe links) als krönendes i-Tüpfelchen auf der Suppe.

Wigwam-Wraps

Wraps wecken in mir Indianer-Assoziationen – vielleicht hat es was mit der Form zu tun, die ein wenig an Tipis erinnert. Die Art, das Essen einzurollen, macht es zum geeigneten Ausflugsessen, zur idealen Mahlzeit für unterwegs, gerne am Lagerfeuer mit einer abschließenden Friedenspfeife (aus Lakritze natürlich). Ein Wrap lässt sich im Grunde mit allem füllen – Grenzen sind hier nur durch die verfügbaren Zutaten und die Fantasie gesetzt. Ich habe ein paar klassische Beispiele zusammengestellt, was so ein Teigfladen beinhalten kann. Experimentieren Sie munter weiter, welche anderen Zutaten noch passen.

- **Guacamole, grüne Salatblätter, Paprikastreifen, Frühlingszwiebel, gekochte Bohnen, Sprossen und Keimlinge, grob gehackte Cashewkerne**
- **Mangoscheiben, Bohnenmus, frischer Koriander, Tabasco und Limette**
- **Kidneybohnen, Mais, Gurkenwürfel, fein gehackte rote Zwiebel, Abenteuer-Salsa, Jalapena und Sahnedressing**
- **im Ofen gebackene Kartoffelspalten, gegrillte Zucchini, goldgelb gebratene Zwiebelringe, hauchdünne Scheiben Stangensellerie und selbst gemacher Ketchup**
- **und natürlich die unendlichen Möglichkeiten der Resteverwertung einer Mahlzeit vom Vortag, mit einer extra Portion Gemüse in Form von Sprossen, Salatblättern und frischen Kräutern.**

Die Purpurknolle

Rote Bete: oft vernachlässigt und übersehen? Bei dem inzwischen nahezu grenzenlosen Zugang zu exotischen Ingredienzen aus den entlegensten Winkeln der Welt hat unsere gute alte nordische Rote Bete mit der Zeit einen unverdienten Platz in der hinteren Ecke der Speisekammer eingenommen. Dabei funkelt sie innen schön wie ein strahlender Rubin, und sie hat einen viel größeren Verwendungsbereich, als wir ihn uns vielleicht vorstellen können. In gastronomischen Nachschlagewerken und kulinarischen Schriften taucht die Rote Bete vermutlich nur als Zutat aus Zeiten des Krieges auf, während sie in der Ernährungsliteratur – auch aufgrund ihrer unübertrefflichen gesundheitsfördernden Eigenschaften – inzwischen einen prominenten Platz eingenommen hat. Ich will dieser außerordentlich schönen und nützlichen Knolle gerne die Ehre erweisen und zeigen, wie fantastisch wohlschmeckend und vielseitig verwendbar sie ist. Ich ziehe den Hut vor der ehrwürdigen purpurnen Herrin des Herbstes und räume ihr einen extra Platz zwischen diesen Buchdeckeln ein.

Rote-Bete-Salat mit Chèvre und Honig

Das ist eines der leckersten Gerichte in meiner Sammlung: purpurrote Rote-Bete-Scheiben auf einem Bett aus Grün, roten Zwiebelringen und kreideweißem, weichem Käse. Eine göttliche Vorspeise zu einem Glas Weißwein.

3 frisch gekochte Rote Bete, in dünne Scheiben geschnitten
ein paar Handvoll Rote-Bete-Blätter
ein paar Handvoll Spinat oder Romana-Salat
1 rote Zwiebel, in dünne Ringe geschnitten
ein paar Handvoll grob gehackte Walnüsse
150 g reifer Chèvre oder echter Ziegenfeta
50 ml Olivenöl extra vergine
flüssiger Blütenhonig
2 EL Weißweinessig oder Cidre-Essig
unraffiniertes Meer- oder Steinsalz
frisch gemahlener schwarzer Pfeffer

Die Salatblätter abspülen und in einer flachen Salatschüssel oder auf einer tiefen Platte verteilen und die Hälfte der Rote-Bete-Scheiben darauflegen. Die Zwiebelringe darüber verteilen, danach abwechselnd dünne Scheiben des Käses und der restlichen Rote Bete. Nachdem Sie die Walnüsse darübergestreut haben, großzügig Olivenöl und Honig in Kreisen darüber verteilen. Zum Schluss mit ein paar Spritzern Essig, ein paar Umdrehungen aus der Pfeffermühle und Salz würzen. Alternativ kann der Salat natürlich auch portionsweise auf Tellern angerichtet werden.

Probieren Sie das Rezept mit frisch gekochten schwarzen Bohnen anstelle der Rote Bete: ein Klassiker auf einer festlichen Tafel!

Rote-Bete-Carpaccio

Eine wunderbar einfache und köstliche Vorspeise, die im Handumdrehen zubereitet ist. Denken Sie unbedingt an die Schürze, wenn Sie sich schon schick gemacht haben, weil dieses Gericht am besten frisch gehobelt schmeckt und der Saft von den roten Knollen gern spritzt und extrem farbintensiv ist.

rohe Rote Bete
2 EL schwarze Sesamkörner
2 EL geröstete Kürbiskerne
2 EL Tamari oder andere salzige Sojasoße

Die Rote Bete schälen und mit einem Gemüsehobel in dünne Scheiben schneiden. Auf einer Vorlegeplatte oder portionsweise auf Tellern verteilen. Die Sojasoße gleichmäßig über die hauchdünnen Rote-Bete-Scheiben tropfen und mit den Sesamkörnern und Kürbiskernen bestreuen.

In Salz gebackene Rote Bete

Wenn die Rote Bete-Saison beginnt, genieße ich die stolzen Purpurknollen am allerliebsten in ihrer puren Einfachheit, gekocht oder aus dem Ofen, nur mit einem Klacks Butter. Wenn man Rote Bete ein oder zwei Stunden in einem Bett aus grobem Salz im Ofen backt, entwickelt sie einen besonders konzentrierten Geschmack.

4-6 Rote Bete, geschrubbt und abgespült

1½ kg grobes Salz

2-3 EL Olivenöl extra vergine

Heizen Sie den Ofen auf 220 °C vor. Das Salz in eine feuerfeste Form geben und die Rote Bete mit der Spitze nach oben tief in das Salzbett drücken. Die Rote Bete mit etwas Öl beträufeln und auf mittlerer Schiene 1-2 Stunden in den Ofen schieben, oder so lange, bis sie gar sind – abhängig von der Größe der Knollen.

Purpurpesto

Bei Pesto denken Sie wahrscheinlich zuerst an Grün, und damit sind Sie nicht allein. Ich möchte hier den Begriffsrahmen ein wenig erweitern, was Pesto alles sein kann, und beginne mit der Farbe:

1 Tasse (2 dl) geröstete, ungesalzene Cashewkerne

geriebene Schale von 3 gewaschenen Bio-Zitronen

1 mittelgroße, geschrubbte Rote Bete, fein gerieben

½-1 chinesischer Knoblauch (oder 4 Knoblauchzehen), geschält und geviertelt

1-2 TL ganzer schwarzer Pfeffer

1-1½ TL unraffiniertes Meer- oder Steinsalz

50 ml Olivenöl extra vergine

eine Handvoll Kapern und reifer Hartkäse, z.B. Parmesan, wenn das Essen serviert wird

Rösten Sie zuerst die Cashewkerne in einer fettfreien, nicht zu heißen Pfanne, und passen Sie genau den Zeitpunkt ab, wenn die Kerne gerade goldgelb werden und unwiderstehlich zu duften beginnen. Lassen Sie die Cashewkerne abkühlen, ehe Sie sie mit den anderen Zutaten – bis auf das Öl – im Mörser zu einem groben Brei zerreiben. Nach und nach das Öl zugeben und nach Bedarf mit Salz und Pfeffer nachwürzen. Probieren Sie es mit ein paar Tropfen Zitronensaft.

Sobald das Purpurpesto fertig ist, können Sie das Nudelwasser aufsetzen, die Gläser einschenken und einen einfachen grünen Salat zubereiten. Einen großzügigen Löffel Pesto auf jeden Teller dampfend heißer Spaghetti geben und untermischen. Kapern und geriebenen Käse darüber verteilen und ein paar Runden mit der Pfeffermühle darüber drehen. Guten Appetit!

Cremiger Borschtsch mit Aquavit und Ziegenfeta

Diese Variante des russischen Klassikers macht sich besonders gut zu festlichen Anlässen. Mit einer großzügigen Portion richtig guten Ziegenfetas und ordentlich kümmeligem Aquavit ist dies an kalten Tagen ein göttliches und köstliches Festessen vor dem Kamin ohne lange Vorbereitungs- oder Kochzeiten. Und die Suppe schmeckt am nächsten Tag mindestens noch mal so gut. Geben Sie beim Aufwärmen den Fetakäse und Aquavit erst dazu, wenn die Suppe wieder heiß ist, mixen Sie das Ganze erneut mit dem Stabmixer o.Ä. und servieren Sie sie dampfend heiß mit einem Flaschenverschluss vom Aquavit, dem «Wasser des Lebens».

1 EL Kümmelsamen
1 TL ganzer schwarzer Pfeffer
2 EL Butter
2 gelbe Zwiebeln, geschält und grob gewürfelt
2 Rote Bete, geschält und grob gewürfelt
1½ l kochende Gemüsebrühe
200 ml Aquavit + 1 Flaschenverschluss pro Portion zum Servieren
150 g Ziegenfeta (evtl. Schafskäse)

Kümmelsamen und Pfefferkörner im Mörser zu einem feinen Pulver zerstoßen. Die Butter in einem großen Topf schmelzen, der mindestens für 3 Liter reicht. Die Gewürzmischung einrühren und Zwiebel- und Rote-Bete-Würfel dazutun. Das Ganze ein paar Minuten unter Rühren andünsten, ehe die heiße Brühe aufgegossen wird. Die Suppe köcheln lassen, bis die Zwiebeln und die Rote Bete fast weich sind. Den Aquavit zugießen und Ziegenfeta hineinkrümeln und mit dem Stabmixer oder anderem geeigneten Werkzeug zu einer glatten, cremigen Suppe verarbeiten. Heiß servieren.

Die meinen Rezepten zugrundeliegenden Zutaten sind der zentrale und essenzielle Motor meiner Experimentierlust und der Lust am Kochen. Das kann ein frisch geerntetes Saisongemüse von meinem eigenen oder dem Acker des Nachbarbauern sein oder frisch auf dem Markt erstandenes Gemüse, aber auch ein Rest vom Vortag. In der Welt herumzureisen, neue und unbekannte Ingredienzen zu entdecken, ungewöhnliche Kombinationen und Zubereitungsarten auszuprobieren, sind ebenfalls ein wichtiger Anstoß, der mir Lust an meinen Experimenten in der Küche macht. Aber am meisten inspirieren mich Menschen und Gemeinschaft. Gemeinsames Kochen mit anderen ist wie ein schöner und leidenschaftlicher Tanz und kann zu kulinarischen Pirouetten führen, die man als Einzelner niemals zustande brächte. Eine optimale Kombination all dessen – die Zutaten, vom Markt oder vom Vortag, unbekanntes Terrain und unbekannte Horizonte, nette Leute und Zeit miteinander – kann der Beginn bahnbrechender Neuentdeckungen sein, die es nicht auf Bestellung gibt.

Knollenchips

Eine super Alternative zu gekauften Chips – nehmen Sie Knollengewächse in allen Farben, die Sie finden.

3 mittelgroße rohe Knollengewächse – z.B. Rote Bete, Möhren, Pastinaken

1 EL Olivenöl extra vergine

½ TL unraffiniertes Meer- oder Steinsalz

Den Backofen auf 100 °C vorheizen. Das Backblech mit Backpapier auslegen. Die Knollenfrüchte schrubben und mit einem Hobel in hauchdünne Scheiben schneiden. In einer Schüssel mit Öl und Salz vermischen, auf dem Backpapier verteilen und auf der mittleren Schiene ungefähr zwei bis zweieinhalb Stunden backen, bis sie schön knusprig sind.

Urgroßmutters Topinambursuppe

Meine Urgroßmutter, Ester Bernstone, war berühmt für ihre Topinambursuppe. Sie ist einfach, aus ländlichen Zutaten gemacht mit einem Hauch feinen Weines und der Welt – genau wie sie selbst.

Saft einer Zitrone
½ kg Topinambur
2 EL Butter
2 Schalotten, fein gewürfelt
2 Kartoffeln, geschält und in Scheiben geschnitten
100 ml Weißwein
800 ml Gemüsebrühe
100 ml Sahne
frisch gemahlener schwarzer Pfeffer
unraffiniertes Meer- oder Steinsalz
Thymian – frisch oder getrocknet

Eine Schüssel mit Wasser füllen und den Zitronensaft dazugeben. Die Topinamburknollen schälen, in Scheiben schneiden und in das Zitronenwasser legen. Die Butter in einem Topf schmelzen. Die Zwiebelwürfel zufügen und glasig anbraten. Jetzt das Zitronenwasser vom Topinambur abgießen und die Scheiben mit den Kartoffeln zu den Zwiebeln in den Topf geben. Alles zusammen 1-2 Minuten unter ständigem Rühren braten lassen und die Hälfte des Weins angießen. Nach einer weiteren halben Minute die Brühe zugießen. 10-15 Minuten köcheln oder bis die Kartoffeln und Topinambur weich sind. Den Topf von der Platte nehmen, die Sahne und den restlichen Wein dazugeben, dann mit einem Stabmixer zu einer glatten, samtweichen Creme verarbeiten. Setzen Sie den Topf zurück auf den Herd und erhitzen Sie die Suppe bis kurz vorm Kochpunkt. Mit ein paar großzügigen Runden aus der Pfeffermühle und Salz abschmecken und in warme Suppenschalen füllen. Mit Thymian bestreuen und heiß servieren.

Gegrillte Auberginenscheiben mit Chili und Honig

Feurig, süß und knusprig: hübsche kleine Auberginentaler, die eine Freude auf jedem Esstisch sind. Und die Zeit, die es braucht, um diese Leckerei zuzubereiten, schmilzt beim ersten Kontakt mit der Zunge wie Tau in der Sonne.

2 mittelgroße Auberginen
unraffiniertes Meer- oder Steinsalz
100 ml Olivenöl extra vergine
1-2 fein gehackte frische rote Chilischoten
1-2 fein gehackte frische grüne Chilischoten
100-200 ml flüssiger Blütenhonig
eine Handvoll Sesamkörner – gerne hell und schwarz gemischt
eine Handvoll Kürbiskerne

Auberginen beinhalten, je nach Sorte, z.T. starke Bitterstoffe, die man der Frucht entziehen kann, indem man die Schnittflächen mit Salz bestreut.

Die Auberginen in etwa 1 Zentimeter dicke Scheiben schneiden, auf einem großen, salzbestreuten Teller verteilen und auf der Oberseite mit reichlich Salz bestreuen. Die nächste Lage Auberginenscheiben darauflegen, ebenfalls mit Salz bestreuen und so lange fortfahren, bis alle Scheiben von allen Seiten mit Salz versorgt sind. Jetzt einen zweiten Teller mit dem Boden nach unten auf die Schichten stellen und mit etwas Gewichtigem beschweren, damit die Scheiben gepresst werden. Stellen Sie den Teller am besten irgendwohin, wo es nichts ausmacht, wenn ein paar Tropfen von dem bitteren Saft überlaufen. Ungefähr eine Stunde stehenlassen.

In der Zwischenzeit schneiden Sie die Chilischoten längs auf, entfernen die Samen und hacken sie fein. Den Backofen auf 185 °C vorheizen, ein tiefes Backblech mit Aluminium auslegen und am Rand hochknicken, dann das Öl hineingießen. Wenn die Auberginen ordentlich Flüssigkeit abgegeben haben, drücken Sie über dem Spülbecken die restliche Flüssigkeit aus und legen Sie die Auberginen in ein Sieb. Abspülen, abtropfen lassen und in einem sauberen Küchenhandtuch trockentupfen. Jetzt die Auberginen auf dem Backblech verteilen und einmal wenden, damit beide Seiten mit Öl bedeckt sind. Danach die gehackten Chilischoten darüber verteilen, dann den Honig und zum Schluss die Körner und Kerne. Ca. 1 Stunde auf mittlerer Schiene backen – bis die Scheiben gleichmäßig goldbraun sind und anfangen, das Öl «auszuschwitzen». Die Medaillons ein paar Minuten auf dem Backblech ruhen lassen, ehe Sie auf eine Platte umgefüllt werden. Je länger man die Scheiben ruhen lässt, desto knuspriger und schmackhafter werden sie. Dazu passt hervorragend eine Schale Minz-Raita (S. 167).

Engelskinder

Dieses Gericht aus weißen Butter- oder Riesenbohnen, das irgendwo zwischen Suppe und Eintopf angesiedelt ist, gehört zu meinen liebsten kulinarischen Schätzen. Wie viele der anderen Klassiker, auf die ich immer wieder zurückgreife, ist dieses Gericht wunderbar unaufwendig in der Zubereitung, und die Zutaten sind wie füreinander geschaffen. Nebeneinander auf dem gleichen Acker aufgewachsen, finden sie ihren gemeinsamen Weg in jede Küche, in der auf einfache und gute Ausgangsprodukte Wert gelegt wird.

«Halleluja! Ein oft missbrauchter und abgenutzter Ausruf, ich weiß, aber er kommt von ganz allein, ich kann ihn nicht aufhalten. Immer wieder höre ich mich laut und hemmungslos rufen, versuche, den bald zum Bersten von meinem Mitteilungsbedürfnis erfüllten Raum mit etwas weniger Schwülstigem und Klischeehaftem zu füllen, etwas Bescheidenerem, aber das Einzige, was meine Lippen verlässt, ist dieser Lobruf, mehr Laut als Wort, und so definiere ich die vier Silben des Hal-le-lu-ja zu einem Wohllaut seliger Dankbarkeit um. Also: Ich hab Engelskinder zum Frühstück gegessen. ...-...-...-...! Ein paar Dutzend warme, butterweiche, runde, dicke, köstliche, verführerische Cherubinen haben sich zart zwischen Zunge und Gaumen gelegt wie himmlischer Balsam.»

300 g große weiße Bohnen – Butterbohnen, Jumbo-Bohnen oder Riesenbohnen – mindestens 24, besser 48 Std. einweichen. Zwischendurch ein paar Mal das Einweichwasser erneuern.

300 ml Olivenöl extra vergine

2 EL unraffiniertes Meer- oder Steinsalz

4-5 Zweige frischer Rosmarin

Gießen Sie das Einweichwasser ab. Die Bohnen abspülen und in einen großen Topf geben und mit kaltem Wasser auffüllen, bis die Bohnen 4-5 cm bedeckt sind. Das Wasser aufkochen lassen, bis es schäumt, dann den Schaum mit einem Schaumlöffel abschöpfen. Öl, Salz und Rosmarinzweige hineingeben und eine Weile köcheln lassen, bis die Bohnen butterweich sind. Lassen Sie die Bohnen etwa eine Viertelstunde ruhen, ehe Sie sie so servieren, wie sie sind – mit einem leckeren Stück Brot, einem Glas Weiß- oder Rotwein oder etwas erfrischend Prickelndem. Und vergessen Sie nicht, das Schild «Bitte nicht stören!» rauszuhängen.

Noch ein wenig höher in den Himmel emporgehoben werden die Engelskinder in Kombination mit der weltbesten Tomatensoße (siehe unten) oder mit einer großzügigen Prise gemahlenem Rosmarin, etwas Knoblauch und schwarzem Pfeffer zu seidig-cremigem Rosmarinpüree verarbeitet (S. 171).

Was diese Varianten meines Lieblingsgerichtes angeht, habe ich mir angewöhnt, die doppelte Portion Bohnen einzuweichen, wenn ich schon mal dabei bin. Damit habe ich eine wunderbare Grundlage für mehrere Mahlzeiten oder verschiedene Gerichte auf einer Festtafel.

Jumbo-Bohnen

Große weiße Bohnen in der weltbesten Tomatensoße. Einfach. Göttlich.

1 Portion Engelskinder

1 Portion weltbeste Tomatensoße (S. 115)

Mischen Sie die großen weißen Bohnen mit der Tomatensoße. Wenn Sie Reste verwerten, wärmen Sie sie auf. Genießen Sie die Bohnen zu einer Schale frisch gekochtem Reis, Hirse, Quinoa oder leckerem Brot.

Grüne Lammhackbällchen mit Minze und Cranberries

Hier folgt ausnahmsweise kein vegetarisches Rezept!

Ein Anliegen dieses Buches ist es, zu mehr Verzehr von Obst und Gemüse anzuregen. Daher möchte ich die Gelegenheit nutzen, darauf hinzuweisen, dass sich das auch in Bezug auf traditionelle Fleischgerichte anwenden lässt. Geraspeltes Gemüse und Zwiebeln in allen Varianten, Kräuter und Sprossen (gerne zusammen), machen z.B. Lammfrikadellen besonders saftig und entschieden verdaulicher. Und obendrein geschmacklich, optisch und von der Konsistenz zu einer interessanten Überraschung für den Gaumen. Probieren Sie verschiedene Hackfleischsorten und stellen Sie fest, dass Fleisch und Grünes ganz hervorragend zusammenpassen und fantastisch schmecken!

Bereiten Sie am besten eine doppelte Portion zu – übriggebliebene Frikadellen eignen sich wunderbar für die Mittagspause, in einem Wigwam-Wrap oder als Grundlage für eine zweite Hauptspeise.

1 chinesischer Knoblauch (oder 4 Zehen)
2 TL unraffiniertes Meer- oder Steinsalz
2 TL ganzer schwarzer Pfeffer
1 TL getrockneter Thymian
500 g Lammhack
½ Zucchini, grob geraspelt
1 gelbe Zwiebel, grob geraspelt
2 verquirlte Eier
1 rote Chilischote, entkernt und fein gehackt
1 grüne Chilischote, entkernt und fein gehackt
½ (1 dl) Tasse frisch gehackte Minze
150 g getrocknete Cranberries
2 EL Tamari (japanische Sojasoße)
¾ Tasse (1½ dl) Haferkleie

Knoblauch, Salz, Pfeffer und getrockneten Thymian im Mörser zu einer glatten Paste zerreiben. Die restlichen Zutaten in eine große Schüssel geben und mit der Paste zu einem festen Teig verkneten – am besten geht das mit den Händen. Den Hackteig eine knappe halbe Stunde bei Zimmertemperatur ruhen lassen, damit die Haferkleie die Flüssigkeit aufsaugen und quellen kann und die unterschiedlichen Geschmacksnuancen sich im Miteinander richtig entfalten können. Rollen Sie kleine Bällchen aus dem Teig und braten Sie sie in Butter goldbraun (oder wenn Sie lieber mögen in einem Öl Ihrer Wahl). Die Hackbällchen dampfend heiß mit einem großen grünen Salat und Minz-Raita (siehe rechts) servieren.

Minz-Raita

500 ml Naturjoghurt
2 EL Minzsoße
1 EL fein gehackte, frische Korianderblätter
1 Messerspitze Cayennepfeffer
1 Prise unraffiniertes Meer- oder Steinsalz

Alle Zutaten in einer Schüssel mischen und sich mindestens eine halbe Stunde vor dem Servieren aneinander gewöhnen lassen.

Tipp: Minz-Raita passt auch gut zu gegrillten Auberginentalern mit Chili und Honig (S. 162).

Minzsoße

½ l fein gehackte frische Minze
100 ml weißen Balsamico oder anderen süßlichen, hellen Essig
100 ml kochendes Wasser
4 EL Rohrzucker
1 TL geschmacksneutrales, pflanzliches Öl wie Traubenkernöl, Mandelöl oder ein mildes Olivenöl

Kochen Sie das Wasser mit dem Zucker auf. Die gehackte Minze in eine Schüssel geben und mit dem Essig verrühren. Jetzt das Zuckerwasser und das Öl zugießen und vermischen. Nach dem Abkühlen die Minzsoße in ein Glas mit dicht verschließbarem Deckel füllen. Das Glas im Kühlschrank aufbewahren.

Tipp: Würzen Sie Ihr Salatdressing mit einem Löffel Minzsoße, ebenso Reis, Bratkartoffeln oder Fischfilet!

Supersimple Schwarze-Bohnen-Paste

Ein nahrhafter, einfacher, gesunder und schmackhafter Aufstrich, der im Nu zubereitet ist.

1 Dose (250-300 g) fertig gekochte schwarze Bohnen, abgespült und abgetropft
Saft von einer halben Zitrone
1 TL unraffiniertes Meer- oder Steinsalz
frisch gemahlener schwarzer Pfeffer
2 EL Olivenöl extra vergine
1 kleine rote Zwiebel, extra fein gehackt

Bohnen, Zitronensaft, Salz, Pfeffer und Öl in einem Mixer zu einer groben Masse verarbeiten. Die fein gehackte Zwiebel mit der Hand unterrühren und das Ganze eine Weile ruhen lassen, ehe Sie mit Salz, Pfeffer, Zitrone und nach ihrem Gusto eventuell anderen Gewürzen oder Kräutern nachwürzen. Seien Sie experimentierfreudig mit unterschiedlichen Geschmacksnuancen!

Die Paste schmeckt besonders gut auf einem Stück körnigem Knäckebrot mit eingelegten oder frischen Gurkenscheiben. Probieren Sie auch eingelegte Rote Bete, Sprossen und Keimlinge, Paprika und andere Toppings, die Sie zur Hand haben.

Leonores ofengebackene Prinzesszwiebeln

Für diese Arbeit ist es gut, ein paar fleißige Helferhände zu haben. Wer aber die Geduld aufbringt, ausreichend viele kleine Zwiebeln aus ihrem eng anliegenden Mantel zu pellen und ausreichend lange im Ofen garen zu lassen, wird mit königlich-karamellsüßen Drops belohnt, umschmeichelt von einem Hauch trockenem Wein oder säuerlichem Balsamico. Das Zwiebelkonfekt passt auf jede festliche Tafel.

300 g Schalotten
50 ml Olivenöl extra vergine
50 ml Balsamicoessig
100 ml trockener Weißwein
½ TL unraffiniertes Meer- oder Steinsalz

Den Ofen auf 180 °C vorheizen. Die Zwiebeln schälen und dicht an dicht mit der Spitze nach oben in eine kleine feuerfeste Form mit hohem Rand setzen, z.B. eine Keramik-Brotform. Alternativ können Sie auch eine metallene Form benutzen, dann legen Sie sie aber vorher mit Alufolie aus. Die Zwiebeln mit Öl, Balsamicoessig und Wein übergießen und salzen. Die Form für ca. 2 Stunden in den vorgeheizten Backofen schieben, bis die Zwiebeln goldbraun und weich sind. Je länger sie garen, desto intensiver wird der Geschmack.

Tipp: Würzen Sie die Zwiebeln mit frischen oder getrockneten Kräutern. Stecken Sie Rosmarin- oder Thymianzweige oder Salbeiblätter zwischen die kleinen Knollen – je nachdem, wozu sie serviert werden sollen.

Rosmarinpüree

Ein samtenes Püree aus großen weißen Butterbohnen und getrocknetem Rosmarin. Mit einem Schuss gutem Olivenöl als Dip zum Pitabrot, auf der Tapas-Tafel als Begleiter saftiger, sonnengetrockneter Tomaten, auf Bruschetta mit gehackten Tomaten oder zum rosa gebratenen Herbstlamm ... Mmmmh.

½ Portion Engelskinder (S. 165) oder ca. 500 g gekochte große weiße Bohnen (Butterbohnen)
2 TL getrockneter Rosmarin
1 kleiner chinesischer Knoblauch (oder 3 Zehen)
½ TL unraffiniertes Meer- oder Steinsalz
1 TL ganzer schwarzer Pfeffer
2 EL Olivenöl extra vergine (plus 3-4 EL zum Erhitzen, wenn Sie Dosenbohnen nehmen)

Geben Sie die Bohnen und etwas Brühe (wenn Sie als Grundlage Engelskinder nehmen) in eine Rührschüssel. Die Bohnen aus der Dose müssen abgegossen und mit kaltem Wasser abgespült werden, ehe sie in drei, vier Esslöffeln Olivenöl und einem Teelöffel Salz vorsichtig erhitzt werden. Die Bohnen zu einem glatten Mus verarbeiten. Falls die Konsistenz zu fest ist, mehr Brühe von den Engelchen zugießen (bei Dosenbohnen mehr Öl).

Den getrockneten Rosmarin, Knoblauch, Salz und Pfeffer in einem Mörser zu einer glatten Masse zerstoßen und mit einem Teigschaber unter das Bohnenmus rühren. Nach und nach Olivenöl zugießen und eine Viertelstunde ziehen lassen, ehe Sie nach Geschmack mit mehr Salz, frisch gemahlenem schwarzem Pfeffer und Olivenöl nachwürzen. Das Püree dickt beim Abkühlen nach, darum rühren Sie es anfangs nicht zu dick an. Bei Bedarf mit mehr Brühe oder Öl verdünnen.

Selbst gemachter Ketchup

Na ja, ganz selbst gemacht ist er nicht ... Ich verwende für diese Soße gerne gutes, geschmacksintensives Bio-Tomatenmark ohne Zucker und Konservierungsstoffe.

2 chinesische Knoblauch (oder 8 Zehen)

2 TL unraffiniertes Meer- oder Steinsalz

1 EL ganzer schwarzer Pfeffer

1 EL ganzer roter Pfeffer

geriebene Schale einer gewaschenen Bio-Orange

geriebene Schale einer gewaschenen Bio-Zitrone

400 ml Olivenöl extra vergine

100 ml fruchtiger Balsamicoessig

5 EL Tomatenmark

100 ml Tamari (japanische Sojasoße)

Knoblauch, Salz und Pfeffer im Mörser zu einer glatten Paste zerreiben und mit den restlichen Zutaten in einer großen Schüssel mit dem Handrührgerät verschlagen. Die Soße in eine fest verschließbare Flasche oder ein Glas umfüllen und kalt lagern.

Caponata auf meine Art

Caponata ist ein Festessen. Unter der Woche ist kaum jemand bereit, mehr als zwanzig Minuten in die Essenszubereitung zu investieren. Schon allein deswegen fällt die Caponata in die Feiertagskategorie. Aber sollte es Sie doch mal an einem eintönigen Dienstag überkommen, Tomaten zu häuten und gesalzene Auberginenscheiben zu schichten, um eins meiner Leibgerichte zuzubereiten, verspreche ich Ihnen, dass Sie ein Fest erleben werden! Obendrein ist Caponata eines der vegetarischen Gerichte, die aufgewärmt am nächsten Tag noch viel besser schmecken, wenn das überhaupt möglich ist. Von daher ist es gut zum Vorbereiten geeignet.

2 mittelgroße Auberginen
7 große Tomaten
2 mittelgroße Zucchini
3 gelbe Zwiebeln
3 ganze chinesische Knoblauch (oder 10-12 Zehen)
50 ml Olivenöl extra vergine
1 kleines Glas Kapern mit Lake
ein Schuss Weißwein
frisch gemahlener schwarzer Pfeffer
unraffiniertes Meer- oder Steinsalz

Beginnen Sie mit dem Salzen der Auberginen. Das Salz auf den Schnittflächen (ca. ½ Std. einwirken lassen) entzieht ihnen einen Teil der Bitterstoffe. Die Auberginen in etwa 1 cm dicke Scheiben schneiden. Auf einem großen Teller schichten, immer abwechselnd mit einer großzügigen Lage Salz dazwischen – Scheiben, Salz, Scheiben, Salz usw, bis alle Schnittflächen gesalzen sind. Zum Abschluss den Stapel mit einem großen Teller und irgendetwas Schwerem pressen. Mindestens eine halbe Stunde stehen lassen. In der Zwischenzeit heizen Sie den Backofen auf 200 °C vor und bereiten den Rest vor.

Die Tomaten häuten und entkernen. Dafür in einem großen Topf Wasser zum Kochen bringen. Die ganzen Tomaten 10-15 Sekunden in das kochende Wasser legen, dann mit einem Schaumlöffel herausnehmen. Die Haut sollte sich jetzt leicht abziehen lassen. Nach dem Häuten die Tomaten horizontal halbieren und die Kerne mit einem Löffel auskratzen, ehe Sie die Tomaten in zentimeterdicke Ringe schneiden. Danach die Zucchini und die Zwiebeln in zentimeterdicke Ringe schneiden. Den Knoblauch schälen und in dünne Scheiben schneiden. Die halbe Ölmenge in eine feuerfeste Form geben.

Wenn die Auberginenscheiben ihren bitteren Saft abzugeben beginnen, pressen Sie die Schichten über der Spüle zwischen den beiden Tellern zusammen. Die Scheiben in einem Durchschlag mit kaltem Wasser abspülen und in einem sauberen Küchenhandtuch trockentupfen. Nun die Auberginen-, Zucchini- und Tomatenscheiben, die Zwiebel- und Knoblauchringe abwechselnd dicht in der Form schichten. Die Kapern mitsamt Lake darüber verteilen, ein paar Runden mit der Pfeffermühle darübergehen und sparsam mit Salz bestreuen, da die Kapern und die Auberginen schon sehr salzig sind. Zum Schluss den Wein und das restliche Öl darübergießen und die Form auf der mittleren Schiene eine Stunde in den Ofen schieben. Verteilen Sie zwischendurch etwas von der Flüssigkeit über das Gemüse, damit es oben nicht trocken wird. Nach einer Stunde die Hitze auf 120 °C runterschalten und eine weitere halbe Stunde im Ofen lassen, bis die Zutaten anfangen, zusammenzufallen, und saftig und weich sind.

Zu der Caponata passt Reis, Quinoa oder Hirse und ein frischer grüner Salat. Caponata wiederum passt als Beilage perfekt zu Lamm und Huhn.

Ofengebackene Süßkartoffel mit Limette und Chili

Ein leichtes kleines Gericht. Wichtig ist, dass Sie Bio-Limetten bekommen.

2 kleine Süßkartoffeln

2 Limetten

3 EL Speiseöl, z.B. Olive, Walnuss oder ein anderes Öl nach Ihrem Geschmack

1 frische rote Chilischote

1½ TL unraffiniertes Meer- oder Steinsalz

2 TL ganze Kreuzkümmelsamen, Kümmel oder Fenchel und gerne auch frische Kräuter

2 TL Sesamkörner, schwarz, braun oder beides

2-3 EL flüssiger Blütenhonig

Den Backofen auf 200 °C vorheizen, die Süßkartoffeln abschrubben und in zentimeterdicke Scheiben schneiden. Die Limetten in halb so dünne Scheiben schneiden. Das Öl in einer kleinen, feuerfesten Form verteilen und die Süßkartoffelscheiben abwechselnd mit den Limettenscheiben darin schichten. Die Chilischote ganz darauflegen und alle Körner und Samen und den Honig darüber verteilen. Decken Sie die Form in der ersten halben Stunde im Ofen mit Alufolie ab. Dann nehmen Sie die Folie weg und übergießen Sie die Süßkartoffeln mit der Flüssigkeit aus der Form, damit sie oben nicht trocken wird. Die Temperatur auf 175 °C runterschalten und die Form unbedeckt 20-30 Minuten weiterbacken lassen. Immer wieder mit Flüssigkeit begießen.

Servieren Sie die ofengebackenen Süßkartoffeln mit Tsatsiki (S. 117) und einem leckeren Getränk. Oder stellen Sie die Form auf das Büffet zwischen Hummus Original (S. 198), Falafel (S. 194) und einem ofenwarmen Pitabrot.

Aprikosenmarmelade

Getrocknete Aprikosen enthalten viel Fruchtzucker, für Marmelade und Konfitüre ohne Zuckerzusatz ist das also die natürliche Wahl. Darüber hinaus stecken sie voller A-Vitamine, wichtiger Spurenelemente und Mineralien, Ballaststoffen und Antioxidantien. Im Gegensatz zu den hellgelben getrockneten Aprikosen, die man vorrangig in den Ladenregalen findet, sind die braunen und weniger glamourösen Aprikosen nicht geschwefelt. Lassen Sie sich nicht vom Äußeren abschrecken, die ungeschwefelten Aprikosen sind süßer, gehaltvoller und schmecken intensiver! Diese Aprikosenmarmelade mit Walnüssen und Sternanis ist schnell und einfach zuzubereiten. Praktisch, wenn man schnell ein Mitbringsel braucht, einfach in ein Glas füllen und mit einem hübschen Band dekorieren. Die Marmelade ist nicht nur ein herrlicher Alltagsaufstrich, sondern der perfekte Begleiter zu einem reifen Käse und einem Glas Madeira, Port- oder Dessertwein.

ca. 300 g getrocknete Aprikosen
1 Vanilleschote
100 g gehackte Walnüsse
3 Sternanis
Saft und geriebene Schale einer Bio-Orange

Die Aprikosen in einen Topf legen und knapp mit Wasser bedecken. Die Vanilleschote längs teilen und mit dem Sternanis zu den Aprikosen geben. Das Ganze aufkochen und 10-15 Minuten köcheln, bis die Aprikosen aufquellen und weich werden. 1/3 des Kochwassers abgießen und beiseite stellen. Den Sternanis und die Vanilleschote herausnehmen und die Aprikosen mit einem Stabmixer zu grobem Mus pürieren. Das Mark aus den Schotenhälften in das Mus kratzen und mit den restlichen Zutaten mischen. Bei Bedarf bis zur gewünschten Konsistenz Kochwasser nachgießen und die Marmelade in sterile, verschließbare Gläser umfüllen.

Purpur-Eis mit Rosmarin und geriebener Zitronenschale

Rote Bete ist wie geschaffen für ein festliches Dessert: süß und romantisch rosa errötend. Mit fein gehacktem Rosmarin und frisch geriebener Zitronenschale wird dieses Dessert zum Traum für Gaumen und Auge.

250 g frisch gekochte, abgekühlte und geschälte Rote Bete
300 ml Vollmilch
4 Eigelbe
75 g feinkörniger Zucker
200 ml Schlagsahne
Mark einer Vanillestange
geriebene Schale einer gewaschenen Bio-Zitrone
2 TL fein gehackter frischer Rosmarin

Schneiden Sie die Rote Bete in Würfel und verarbeiten Sie die Würfel im Mixer oder mit dem Stabmixer mit 100 ml Milch zu einem glatten Püree, das sie beiseite stellen. Die Eigelbe und den Zucker in einer extra Schüssel verquirlen. Die Schlagsahne und die restliche Milch mit dem untergerührten Vanillemark vorsichtig in einem Topf erhitzen, aber nicht kochen. Die Mischung behutsam über die Eigelb-Zucker-Masse gießen und zu einer glatten Creme verrühren. Die Creme in einen sauberen Topf geben und langsam unter ständigem Rühren bis unmittelbar vorm Siedepunkt aufwärmen, bis sie andickt. Wenn die Masse eine sämig-cremige Konsistenz hat, zum Abkühlen zur Seite stellen. Rühren Sie ab und zu um, damit sich keine Haut bildet. Schließlich das Rote Bete-Püree, die geriebene Zitronenschale und den fein gehackten Rosmarin mit der Creme zu einer glatten Masse verrühren. Die Mischung in eine frostbeständige Form füllen und in das Gefrierfach stellen. In den ersten Stunden noch ein paar Mal umrühren.

Granatapfel

«Wie schön du bist, meine Geliebte. Eine karmesinrote Schnur sind deine Lippen, und lieblich ist dein Mund. Wie eine Granatapfelscheibe schimmert deine Schläfe hinter dem Schleier hervor.»

Paradiesische Granatäpfel – Krönung der Schöpfung

Der Granatapfel: besungen im Hohelied, zentrales Motiv unzähliger Dramen, Mythen und Legenden, von Botticelli verewigt, auf uralte judäische Münzen geprägt, verehrt als Fruchtbarkeitssymbol in allen möglichen Religionen sowie gerühmt für seine Schönheit und Gesundheit vom Toten Meer bis zum Kaukasus und Himalaja, mit einem eigenen Granatapfel-Festival in Aserbaidschan. Es heißt, Eva habe Adam einen Granatapfel angeboten, wofür sie beide aus dem Paradies verjagt wurden. Es gibt über fünfhundert verschiedene Sorten, und die Farbe der Früchte variiert von Goldgelb über Purpurrot zu den syrischen schwarzen Exemplaren. Einen reifen Granatapfel zu öffnen ist, wie in eine Höhle voller glitzernder Edelsteine einzutreten – mit Diamanten, Rosenquarz und Rubinen –, und man versteht augenblicklich den Kult um diese sagenumwobene Frucht.

Der Granatapfel spielt eine wichtige Rolle in vielen Festtraditionen. Bei griechischen Hochzeiten und Neujahrsfeiern tritt man auf einen Granatapfel; der herausfließende Saft verheißt familiäres Glück und Erfolg. Im Mittleren Osten ist ein reifer Granatapfel das obligatorische Mitbringsel beim Neujahrsbesuch oder für neue Hausbesitzer. Rein optisch ist der Granatapfel eine absolute Bereicherung für jede Festtafel, als Essenszutat wie als Dekoration. Die Kelchblätter des Granatapfels sollen laut Bibel Modell für die jüdische Brautkrone gestanden haben. Und dieser elegante Kranz erhärteter Blattspitzen, die den Granatapfel schmücken, bildet auch eine hübsche Manschette für schlanke Kerzen. Aber vor allen Dingen ist diese stolze und überirdisch schöne Frucht eine kulinarische Offenbarung und gehört mit ihrer leicht bitteren und säuerlichen Süße in alle Bereiche der Gastronomie.

Zitrusfruchtsalat mit Basilikum und Granatapfel

Ein hübscher und frischer Salat, bei dem die leicht pfeffrige Note des Basilikums bei der Begegnung mit den säuerlichen Zitrusfrüchten und den Granatapfelkernen besonders gut zu ihrem Recht kommt.

3 Orangen
2 Grapefruits
1 großer Granatapfel
1 Handvoll frische Basilikumblätter
1 EL weißer Balsamicoessig
frisch gemahlener schwarzer Pfeffer

Schneiden Sie die Schale von den Zitrusfrüchten und das Fruchtfleisch in Scheiben. Den Granatapfel teilen und ausschaben. Die Orangen- und Grapefruitscheiben auf einen großen Teller oder eine Platte schichten und die Granatapfelkerne und Basilikumblätter darüber verteilen. Zum Schluss mit Balsamicoessig und schwarzem Pfeffer abschmecken.

Hier ein **Tipp**, wie man am geschicktesten einen Granatapfel öffnet, um möglichst viel von der Frucht und den Kernen zu haben: Rollen Sie den Granatapfel fest auf der Arbeitsplatte, bis Sie merken, dass sich die Kerne in der Frucht von den Wänden lösen. Jetzt den Apfel über eine saubere Schale halten und quer mittig einschneiden. Brechen Sie die Frucht auf und lassen Sie den Saft in die Schale laufen. Dann die Schalen umstülpen und die Kerne herauskratzen. Den Saft in eine weitere Schale absieben.

Wenn Sie Granatäpfel zubereiten, werfen Sie sich lieber erst dann in Schale (besonders in weiße), wenn die Essensvorbereitungen abgeschlossen sind. Granatapfelsaft spritzt gerne und weit und hinterlässt schwer zu entfernende Flecken. Wenn es einen guten Grund für das Umbinden einer Schürze gibt, dann diesen.

Granatquinotto

Quinoakörner sind eine besonders nährstoffreiche und wohlschmeckende Alternative zu Reis und Nudeln.

1½ Tassen (3 dl) Quinoa
500 g Babyspinat, gespült und abgetropft
3 Stangen Sellerie, abgespült und schräg in Stücke geschnitten
2 Granatäpfel
1 rote Zwiebel, in dünne Ringe geschnitten
1 Handvoll grob gehackte Walnüsse

Dressing:
1 Knoblauchzehe
2 TL ganzer Rosenpfeffer
2 TL unraffiniertes Meer- oder Steinsalz
50 ml Walnussöl (evtl. Olivenöl extra vergine)
1 EL Ahornsirup
Saft der 2 Granatäpfel
evtl. etwas heller Balsamico- oder Apfelessig

Quinoa in der doppelten Menge Wasser aufkochen. Das Wasser abgießen, die Körner unter kaltem Wasser abspülen und mit ½ l frischem, leicht gesalzenem Wasser zurück in den Topf geben und so lange köcheln, bis das Wasser eingekocht ist. Den Topf von der Hitze nehmen und mindestens eine halbe Stunde unter geschlossenem Deckel ruhen lassen. Rollen, teilen und entkernen Sie die Granatäpfel wie auf S. 187 beschrieben. Die Spinatblätter auf einer weißen Platte verteilen und den gekochten, abgekühlten Quinoa daraufgeben. Nun die Granatapfelkerne, die Selleriestückchen, Zwiebelwürfel und Walnüsse darüberstreuen. Zerstoßen Sie Knoblauch, Salz und Rosenpfeffer in einem Mörser zu einem glatten Mus. Dabei nach und nach das Öl zugießen. Zum Schluss Ahornsirup und Granatapfelsaft unterquirlen. Nach Geschmack das Dressing mit mehr Salz und weißem Balsamico- oder Apfelessig nachwürzen. Zum Servieren in ein kleines Kännchen umfüllen.

Linsensalat mit Granatapfelkernen und glatter Petersilie

Eine gesegnet einfach zuzubereitende vegetarische Alternative für das traditionell fleischlastige Weihnachtsbüffet! Die ansonsten eher unansehnlichen Linsen werden durch die glitzernden Rubintropfen feierlich-elegant aufgehübscht. Servieren Sie zu dem Salat ein süßliches Honigdressing mit scharfer Dijon-Note und krönen Sie das Ganze großzügig mit cremigem Ziegenfeta.

250 g braune oder grüne Linsen
2-3 große Granatäpfel
1 Tasse fein gehackte Blattpetersilie
200 g milder Ziegenfeta

Dressing:
1 Knoblauchzehe
1 TL unraffiniertes Meer- oder Steinsalz
½ TL schwarze Pfefferkörner
100 ml Olivenöl extra vergine
1-2 TL Dijon-Senf
1 EL flüssiger Honig
2 EL Weißwein- oder Apfelessig

Die Linsen in leicht gesalzenem Wasser bissfest köcheln. In der Zwischenzeit den Granatapfel teilen und auskratzen und das Dressing vorbereiten. Dazu Knoblauch, Salz und Pfeffer im Mörser zu einer glatten Paste zerreiben. Die restlichen Zutaten einrühren, zuerst das Öl und als Letztes den Essig. Wenn die Linsen bissfest sind, das Kochwasser abgießen und die Linsen in einem Sieb kalt abspülen. Die abgetropften Linsen, Granatapfelkerne und die fein gehackte glatte Petersilie in einer breiten Schale schichten und mit dem Fetakäse toppen, dazu das in ein Kännchen umgefüllte Dressing servieren.

Moises Auberginensalat

Dieses fantastisch leckere Gericht wurde mir erstmals von meinem guten Freund Lowan aus Portland in meiner eigenen Küche serviert, der das Rezept seinerseits von dem Puertorikaner Moises hatte. Bei meinem ersten Nachkochen war meine deutsche Freundin Nicole zu Besuch, die den Auberginensalat von ihrer türkischen Tante unter dem Namen Patliçan salatasi kannte.

Dies ist ein schönes Beispiel für die Reiselust von Gerichten kreuz und quer über alle Landesgrenzen hinweg und für unsere Möglichkeit, uns die Welt in die eigene Küche zu holen. Und dieses Gericht zeigt einmal mehr, wie selbstverständlich einige Zutaten zusammengehören – weil sie geschmacklich wunderbar harmonieren und weil sie nebeneinander wachsen und gleichzeitig reif sind. Für solche von der Natur vorgegebenen Kombinationen gibt es in kulinarischer Hinsicht weltweit unzählige Beispiele. Bei diesem Rezept spielen Aubergine, Tomate, rote Zwiebel und Olivenöl überraschend delikat zusammen. Der Salat wird kalt zubereitet und genossen, dazu passt sehr gut knusprig körniges Knäckebrot (S. 51) oder eine Scheibe geröstetes, mit frisch aufgeschnittenem Knoblauch eingeriebenes Bauernbrot. Als Beilage zu lange bei Niedrigtemperatur gebratenem Lammfleisch ein Traum. Zünden Sie Kerzen an, schenken Sie einen samtenen Rotwein aus, und über die Festtafel wird sich selige Stille senken, unterbrochen nur von den Seufzern zufriedener Gaumen ...

1 große Aubergine
1 mittelgroße rote Zwiebel, grob gehackt
150 ml Olivenöl extra vergine
½ chinesischer Knoblauch oder 3 Knoblauchzehen
1 TL unraffiniertes Meer- oder Steinsalz
3 feste Tomaten
4 EL Balsamicoessig

Heizen Sie den Backofen auf 200 °C vor und stechen Sie mit einer Gabel Löcher in die Auberginenhaut, damit sie im Ofen nicht platzt. Die Aubergine in eine feuerfeste Form legen und in den Ofen schieben, bis sie weich wird und in sich zusammenfällt – was etwa eine halbe Stunde dauert. In der Zwischenzeit braten Sie die Zwiebelwürfel behutsam in ein wenig Öl glasig und aromatisch und zerreiben Knoblauch und Salz im Mörser zu einer glatten Paste, die Sie unter die Zwiebeln mischen und zum Abkühlen beiseite stellen. Die Tomaten halbieren, Kerne und Flüssigkeit entfernen und klein würfeln. Die Tomatenwürfel in eine Schüssel geben und mit Essig beträufeln. Lassen Sie die Aubergine ebenfalls abkühlen, ehe Sie sie weiterverarbeiten. Die abgekühlte Aubergine auf ein Brett legen und am «Stummelschwanz» festhalten, während Sie die Haut behutsam von der «Schnauze» zum Stielansatz hin abziehen. Vorsichtig überschüssige Flüssigkeit ausdrücken und das Fruchtfleisch in kleine Würfel schneiden. Mit den gebratenen Zwiebeln in einer Servierschüssel mischen und vorsichtig die Tomaten unterrühren. Lassen Sie Moises' Versuchung vor dem Servieren mindestens noch eine halbe Stunde ziehen – gerne auch länger.

Baba Ganoush

Auch Auberginenkaviar genannt. Dieser nordafrikanische Klassiker wird als Appetitanreger und Beilage zu allen möglichen Gemüsen, zu Fleisch, Geflügel, Fisch und frischem Brot serviert. Bei mir gehört er auf jedes Tapas-Büffet und zu meinen absoluten Favoriten. Bereiten Sie das Püree gerne einen oder zwei Tage vor dem Servieren vor, damit all die leckeren Geschmacksnuancen sich ordentlich miteinander verbinden und entfalten können.

2 große Auberginen
25 ml Olivenöl extra vergine
3 EL Tahini (Sesampaste, selbst gemacht, S. 38)
Saft einer reifen Limette
1 chinesischer Knoblauch (oder 4-5 Zehen)
½ TL gemahlener Kreuzkümmel
1 Messerspitze Chilipulver oder 1 gehackte frische Chilischote
unraffiniertes Meer- oder Steinsalz
frisch gemahlener schwarzer Pfeffer

Den Backofen auf 220 °C vorheizen. Mit einer Gabel die Auberginenhaut gut verteilt fünf- bis sechsmal anstechen, damit sie im Ofen nicht platzt. Die Früchte auf das Backblech oder in eine feuerfeste Form legen und etwa eine halbe Stunde in den Ofen schieben oder bis sie in sich zusammenfallen und ordentlich weich sind. In einem Durchschlag abkühlen lassen. Überschüssige Flüssigkeit ausdrücken und das Fruchtfleisch aus der Haut in eine Schale kratzen. Mit Öl, Tahini und Limettensaft im Mixer zu einem groben Püree verarbeiten.

Nun Knoblauch, eine Prise Salz, gemahlenen Kreuzkümmel und Chilipulver im Mörser zu einer glatten Paste zerreiben und mit einem Löffel unter das Auberginenpüree heben. Nach Bedarf mit mehr Salz und frisch gemahlenem schwarzem Pfeffer abschmecken.

Falafel

Genau wie Hummus bekommt man in fast jedem Winkel des Mittleren Ostens Falafel. Die Grundzutat sowohl von Hummus als auch von Falafel sind Kichererbsen, weshalb ich meistens gleich beides zubereite, wenn ich schon mal dabei bin, Kichererbsen einzuweichen.

500 g Kichererbsen, mindestens einen Tag einweichen

1 chinesischer Knoblauch (oder 4 Zehen)

3 TL gemahlener Kreuzkümmel

2 TL unraffiniertes Meer- oder Steinsalz

1 Tasse frische Korianderblätter

1 Tasse fein gehackte glatte Petersilie

1 frische grüne Chilischote, entkernt und fein gehackt

1 frische rote Chilischote, entkernt und fein gehackt

1 Ei, verquirlt

Saft einer Limette

Saft einer halben Zitrone

1 l Frittieröl – z.B. Sonnenblumen- oder Rapsöl

Das Einweichwasser abgießen und die Kichererbsen gründlich abspülen. In eine große Schüssel füllen und zu grobem Püree verarbeiten. Knoblauch, Kreuzkümmel und Salz im Mörser zu einer glatten Paste zerstoßen und mit der Hand in das Erbsenpüree einrühren. Nach und nach die restlichen Zutaten zugeben und zu einem feinen Teig verarbeiten. Den Teig eine halbe Stunde oder länger ruhen lassen, am liebsten über Nacht.

Erhitzen Sie das Öl in einem großen Topf oder einer Fritteuse. Nun aus dem Falafelteig mit zwei Löffeln kleine Bällchen formen und in dem heißen Öl braten – abhängig von der Größe des Topfes sieben bis zehn gleichzeitig. Die fertigen Falafelbällchen noch heiß in warmem Pitabrot mit Zwiebelsalat (S. 208), Hummus Original (S. 198) und Tsatsiki (S. 117) servieren.

Feigentapenade mit gekochten Orangen und Cognac

Tapenade geht auf das provenzalische Wort für Kapern zurück – Tapenas. Variationen dieses Themas haben mit der Zeit Landesgrenzen überschritten und unzählige Male die Rezeptur verändert, oft bis zur Unkenntlichkeit. Meine Tapenaden reihen sich wunderbar in diesen Reigen ein und enthalten gelegentlich nicht einmal die kleinste Kaper – wie etwa in diesem Rezept. Eine spezielle Zutat bei dieser Variante sind die lange bei niedriger Temperatur eingekochten Apfelsinen. Das braucht Zeit, ist aber ganz simpel, und wenn Sie schon dabei sind, machen Sie gleich eine große Portion als Vorrat, als Weihnachtsgeschenk, Silvestermitbringsel oder für das nächste Tapas-Büffet.

1 gewaschene Bio-Orange

7 große getrocknete Feigen

100 ml kochendes Wasser

50 ml Cognac, Armagnac, Calvados oder Cointreau

2 chinesische Knoblauch (oder 7-8 Knoblauchzehen)

1 TL schwarze Pfefferkörner

1 Messerspitze unraffiniertes Meer- oder Steinsalz

Blätter von einem Zweig Rosmarin, fein gehackt

2 Tassen (500 g) Kalamata-Oliven ohne Stein

3 EL flüssiger Blütenhonig

Die Orange in einen halb mit Wasser gefüllten Topf legen. Aufkochen und zwei Stunden auf niedriger Stufe köcheln lassen. Achten Sie darauf, dass immer genug Wasser im Topf ist, damit die Orange nicht am Topfboden anbrennt.

In der Zwischenzeit entfernen Sie die harten Stiele von den Feigen und schneiden sie in mittelgroße Würfel.

Das kochende Wasser und den Cognac in einer Scha-

le mischen und die Feigenwürfel mindestens 20 Minuten – oder bis die Orange fertig ist – darin einweichen.

Knoblauch, Pfeffer, Salz und die fein gehackten Rosmarinblätter im Mörser zu einer glatten Paste zerreiben.

Wenn die Orange zwei Stunden geköchelt hat, nehmen Sie sie aus dem Wasserbad und pressen Sie einen Teil der Flüssigkeit heraus. Den Topf beiseite stellen und das Kochwasser aufbewahren. Die Orange mit Schale zusammen mit den Oliven, dem Honig, den Feigen und der Cognac-Marinade in einen Mixer geben und zu einem groben Püree verarbeiten. Dann die Knoblauchpaste mit einem Teigschaber unterrühren. Die Tapenade mindestens eine halbe Stunde bei Zimmertemperatur ruhen lassen, ehe Sie bei Bedarf etwas von dem Orangen-Kochwasser zugießen oder mit Salz und Pfeffer abschmecken.

Tipp: Wenn Sie mehrere Orangen kochen, können Sie gleich den leckeren Orangenkuchen auf S. 222 ausprobieren oder die Orangenmarmelade auf S. 218.

Grüner Taco mit Abenteuersalsa

Es braucht nicht viel, um dem bei uns traditionellen Wochenendschmaus einen grüneren Touch zu geben. Ich habe bisher nur positive Rückmeldungen zu diesem «Go green-Taco» bekommen – Komplimente, wie unglaublich lecker er doch ist. Dabei ist den wenigsten aufgefallen, dass gar kein Hackfleisch dabei ist. Mit der üppigen, würzigen und scharfen Bohnenmischung und einer herrlich peppigen, farbenprächtigen Abenteuer-Salsa wird das Jungvolk mehr Gemüse und Vitamine zu sich nehmen, als Sie je zu hoffen gewagt hätten.

Scharfe Bohnenmischung

3-4 EL Olivenöl extra vergine
1 große gelbe Zwiebel, fein gewürfelt
2 Stangensellerie, fein gehackt
1 chinesischer Knoblauch oder 4 Knoblauchzehen
1 TL unraffiniertes Meer- oder Steinsalz
2 TL Kreuzkümmel
½ TL Chilipulver (nach Geschmack)
frisch geriebener Ingwer (½ Daumen breit)
1 Dose (250 g) grob gehackte Bio-Tomaten
ca. 400 g gekochte braune oder rote Bohnen, z.B. Borlotti-, Fava- oder Kidneybohnen

Das Öl in einer tiefen Bratpfanne oder einem breiten gusseisernen Topf erhitzen. Die Zwiebel glasig dünsten und den fein gehackten Sellerie zugeben. Ab und zu umrühren und bei schwacher Hitze weiterbraten, während Sie Knoblauch, Salz, Kreuzkümmel und Chilipulver im Mörser zu einer glatten Paste zerreiben. Zusammen mit dem geriebenen Ingwer in die Pfanne geben und unter Rühren ein paar Minuten weiterdünsten. Die gehackten Tomaten zugeben und zum Schluss die abgespülten und abgetropften Bohnen. Umrühren und bei mittlerer Wärme weiterköcheln lassen, während Sie die restlichen Vorbereitungen durchführen. Ab und zu umrühren, damit es nicht trocken wird und am Boden anbrennt.

Abenteuersalsa

Die reinste Farbexplosion – ein Abenteuer für alle Sinne!

1 gelbe Paprika, gewürfelt
1 grüne Paprika, gehackt
1 rote Paprika, gewürfelt
1 frische grüne Chilischote, entkernt, fein gehackt
1 frische rote Chilischote, entkernt, fein gehackt
1 große sonnenreife Mango, gewürfelt
½ frische Ananas, gewürfelt
3 Limetten, geschält und in kleine Würfel geschnitten
2 Tassen frische Korianderblätter

Alle Zutaten in eine große Schüssel geben und gut mischen.

Die Abenteuersalsa mit der peppigen Bohnenmischung, Taco-Shells, dampfend warmen Tortillafladen, einer Flasche Tabasco, Guacamole (S. 124), geriebenem Cheddar oder Fetawürfeln, zuckersüßem Mais und einer Schale klein gewürfelter Gurke, fein gehackter roter Zwiebel und frischer Minze zusammen auf den Tisch stellen.

Hummus original

In etlichen nordafrikanischen, an das Mittelmeer angrenzenden Ländern gehört Hummus zu den Nationalgerichten und wird wie ein Salat mit warmem Pitabrot serviert.

1 l frisch gekochte Kichererbsen – das Kochwasser aufbewahren
150 ml Tahini, gerne selbst gemacht (S. 38)
1 chinesischer Knoblauch (oder 4 Knoblauchzehen)
2 TL Kreuzkümmel
1½ TL unraffiniertes Meer- oder Steinsalz
Saft einer Zitrone
Saft einer Limette

Zum Garnieren:
3 EL Olivenöl extra vergine
1 EL feingehackte glatte Petersilie
1 TL Paprikapulver

Die gekochten Kichererbsen mit der Tahinipaste in der Küchenmaschine oder mit dem Stabmixer zu cremiger Konsistenz verarbeiten. Bei Bedarf Kochwasser zugeben. Knoblauch, Kreuzkümmel und Salz im Mörser zu einer glatten Paste zerstoßen und per Hand in das Kichererbsenmus einrühren. Zum Schluss den Zitronen- und Limettensaft unterrühren und eventuell nachsalzen.

Das Hummus in eine flache Schale füllen, Öl darüberträufeln, Paprikapulver mit einem kleinen Teesieb und zum Schluss die gehackte Petersilie darüberstreuen.

Orangenhummus mit sonnengetrockneten Tomaten

Diese Hummusvariante ist eine Abwandlung mit sonnengetrockneten Tomaten und Orange. Als Aufstrich auf einem gerösteten Brot oder Knäckebrot (S. 51) mit frischen Sprossen und ein paar Streifen Paprika haben Sie eine vollwertige Mahlzeit.

½ l gekochte Kichererbsen, abgespült und abgetropft
3 EL Tahini, gern selbst gemacht (S. 38)
3-4 sonnengetrocknete Tomaten in Öl, abgetropft
2 chinesische Knoblauch oder 4 Knoblauchzehen
Schale und Saft einer Bio-Orange
unraffiniertes Meer- oder Steinsalz
frisch gemahlener schwarzer Pfeffer
etwas Olivenöl extra vergine

Kichererbsen, Tahini und sonnengetrocknete Tomaten mit einem Stabmixer oder in der Küchenmaschine verarbeiten. Den Knoblauch zerstoßen und mit der Orangenschale und dem Saft unter die Paste rühren. Gutes Olivenöl darüberträufeln und mit Salz und Pfeffer abschmecken.

Ofengebackenes Paprikapesto

Diese kleine Geschmacksexplosion von gebackener Paprika, die auf Salz, fetten Schafskäse, Rosenpfeffer, Orange und süßen Blütenhonig trifft, macht jede dampfend heiße Gemüseportion oder ofengebackene Kartoffelspalten zu einem Fest für den Gaumen.

50 ml Olivenöl extra vergine
2-3 rote Paprika
geriebene Schale einer gewaschenen Bio-Orange
½ -1 chinesischer Knoblauch (oder 4 Knoblauchzehen), geschält und geviertelt
1 TL unraffiniertes Meer- oder Steinsalz
2 TL Rosenpfeffer
1-1½ Tassen (2-3 dl) geschälte Mandeln
1-1½ Tassen (2-3 dl) geriebener Manchego
1 EL flüssiger Blütenhonig
1 EL Orangenlikör (z.B. Cointreau)

Heizen Sie den Backofen auf 225 °C vor und fetten Sie eine feuerfeste Form mit Öl ein. Die Paprika längs halbieren, entkernen und die Hälften mit der Hautseite nach oben in die feuerfeste Form legen. Im Ofen backen, bis sie weich werden und einfallen (ca. 20 Minuten). Lassen Sie die Paprikahälften etwas abkühlen, ehe Sie die Haut abziehen. Den Gemüsebratsaft aufbewahren. Die enthäuteten Schoten mit der Orangenschale, mit Knoblauch, Salz, Pfeffer und Mandeln im Mörser zu einem Brei zerreiben, ehe Sie abwechselnd den Käse und den Bratsaft unterrühren. Zum Schluss den Honig und den Likör unterrühren und nach Geschmack mit Salz und Pfeffer nachwürzen. Das Pesto vor dem Servieren mindestens eine halbe Stunde bei Raumtemperatur ziehen lassen.

Krösamajas Pesto rosso mit sonnengetrockneten Tomaten und Ziegenfeta

In diesem Pesto rosso vereinen sich die Geschmacksnuancen echten Fetas, salzig-säuerlicher Riesenkapern und des süßen Blütenhonigs – eine unschlagbare Kombination sowohl für Pasta als auch für geröstetes Bauernbrot. Oder Sie verwenden das Pesto als Dip für knusprigen Stangensellerie.

ca. 100 g sonnengetrocknete Tomaten (wenn sie extrem trocken sind, eine halbe Stunde in kochendem Wasser einweichen)

1 chinesischer Knoblauch (oder 4 Zehen), geschält und geviertelt

100 g Ziegen- oder Schafsfeta

1 Tasse (2 dl) Riesenkapern ohne Stiel oder etwas weniger als 1 Tasse normale Kapern (wenig Lake)

1 kleine Tasse (1 ½ dl) trocken geröstete Sonnenblumenkerne

2 TL Mix aus schwarzen, weißen, grünen und roten Pfefferkörnern

2 EL flüssiger Blütenhonig

2 EL guter weißer oder roter Balsamicoessig

Rösten Sie die Sonnenblumenkerne fettfrei in einer Pfanne unter Aufsicht goldgelb, bis sie ein nussiges Aroma zu verströmen beginnen. Abkühlen lassen. Die sonnengetrockneten Tomaten etwa eine Viertelstunde mit kochendem Wasser übergießen und einweichen. Das Wasser abgießen und in einem Mörser mit den Sonnenblumenkernen, dem Knoblauch, Fetakäse und den Pfefferkörnern zu einer glatten Paste zerreiben. Jetzt Honig und Balsamicoessig zugeben und mit der Kapernlake oder unraffiniertem Meer- oder Steinsalz abschmecken.

Winterkürbis-Risotto

Dieses Risotto gehört zu meinen absoluten Favoriten. Es ist rund und mild, golden, warm und eine schöne Erinnerung an Sonne und Spätsommer, wenn der November sich seinem Ende entgegenneigt und alles dunkel und schattig ist. Es gibt unzählige Varianten von Winterkürbissen, sowohl importierte als inzwischen auch hier angebaute. Viele Sorten haben ein kräftig oranges Fruchtfleisch und strotzen nur so vor Vitaminen, besonders A, C, E und mehrere B-Vitamine. Sie liefern langsame Kohlenhydrate, massenhaft Ballaststoffe, und in Kombination mit Mais oder schwarzen Bohnen nehmen Sie obendrein noch vollwertige Proteine zu sich.

3 EL Olivenöl extra vergine
1 Bund Frühlingszwiebeln, in Ringe geschnitten
2 Tassen (4 dl) Arborio-Reis (runder Risotto-Reis)
300 ml Weißwein
700-800 ml kochende Gemüsebrühe
1 kg geschälter und grob geraspelter Winterkürbis, alternativ Süßkartoffel oder Mohrrübe
geriebene Schale einer gewaschenen Bio-Zitrone
geriebener Parmesan
frisch gemahlener schwarzer Pfeffer

Das Öl in einem großen Topf erhitzen und die Frühlingszwiebeln darin glasig dünsten. Reis zuschütten und mit den Zwiebelringen und dem Öl verrühren. Mit Wein ablöschen und sorgfältig umrühren, bis die Flüssigkeit vom Reis absorbiert ist. Die Hälfte der Gemüsebrühe angießen und rühren, bis sie verkocht ist. Brühe nachgießen und den geriebenen Kürbis zugeben. Die Kürbisraspeln gleichmäßig unter den Reis rühren. Unter ständigem Rühren mehr Brühe aufgießen und einkochen lassen.

Das Risotto ist fertig, wenn es locker und cremig ist und die Reiskörner weich mit leichtem Biss im Kern sind. Dampfend heiß servieren.

Dr. Stewarts souveräner Sauerkohl

Sauerkraut, milchsäurevergorenes Gemüse, Sauerkohl – geliebtes Kind hat viele Namen. Für manche ein Ausschlusskriterium für diese obergesunde und einfache Zubereitungsweise von Nahrungsmitteln, weil es sich nicht besonders appetitlich anhört. Mir ging es nicht anders, bis mein guter Freund Dr. Stewart mit seinem ausgeprägten Geschmackssinn mir ein Glas sauer eingelegten Weißkohl mitgebracht hat. Ich gebe zu, dass ich den Glasinhalt anfangs recht skeptisch beäugt und die Nase gerümpft habe, als ich das Glas öffnete, um zu probieren. Die Überraschung war riesig und äußerst positiv. Die dünnen Kohlstreifen waren frisch, knackig und mit das Delikateste, was ich je an Eingelegtem probiert habe: leicht säuerlich und prall voll mit frischem Pflanzensaft. Ich schluckte alle meine Vorurteile mit dem ersten Mundvoll hinunter und beschloss im gleichen Augenblick, selber mit dem Experimentieren zu beginnen. Inzwischen bin ich völlig infiziert und probiere ständig neue Gemüse und Knollen aus, gern auch kombiniert. Abgesehen vom hervorragenden Geschmack schätze ich die gesunden Begleiterscheinungen des so eingelegten Gemüses sehr. Mit dieser Veredelungsmethode lassen sich Lebensmittel nicht nur konservieren, sie erhöht obendrein noch den Nährwert des Gemüses und sorgt dafür, dass unser Körper es besser aufnehmen kann. Eine kleine Portion eingelegtes Gemüse am Tag ist ein reicher Lieferant für wertwolle Pflanzenwirkstoffe, die nachweisbar die Immunabwehr stärken.

Hier folgt ein Grundrezept für milchsäurevergorenen Kohl. Wie bei vielen Dingen in der Essenszubereitung muss man sich in die Milchsäuregärung erst einmal ein wenig einarbeiten, ehe wirklich befriedigende Ergebnisse dabei herauskommen. Probieren Sie mutig aus und finden Sie Ihre persönliche Methode und Ihre Lieblingszutaten. Tauchen Sie ein in das grenzenlose Expertenuniversum im Internet und in der Literatur: learning by doing!

Für einen Behälter mit gewöhnlichem Weiß- oder Rotkohl brauchen Sie:

1 Kohlkopf

1-2 TL unraffiniertes Meer- oder Steinsalz

ein großes Einmachglas oder einen großen Steinguttopf – alternativ einen speziell dafür vorgesehenen Kunststoffbehälter

etwas, um die Mischung abzudecken, z.B. ein Teller, der mit einem Stein beschwert wird

Darauf achten, dass die Hände, die Arbeitsfläche und alle verwendeten Gerätschaften ganz sauber sind. Die äußeren Kohlblätter entfernen, den Rest in dünne Streifen schneiden. Diese im Gefäß schichten und mit dem Salz bestreuen – so mischen, dass das Salz gleichmäßig verteilt ist. Dann mit der Faust oder einem anderen geeigneten Gerät die Krautstreifen fest zusammendrücken, bis der Kohl Pflanzensaft abzugeben beginnt. So lange weitermachen, bis die Kohlstreifen ganz mit Flüssigkeit bedeckt sind. Falls Sie nicht genügend Saft aus den Kohlstreifen pressen können, gießen Sie 1 l kaltes Wasser zur Mischung, so früh wie möglich in dem Prozess. Zum Schluss einen mit einem Stein o.Ä. beschwerten Teller auf den Kohl setzen, damit er unter Druck bleibt und nicht zu viel Sauerstoff an das Gemüse kommt; die Streifen müssen permanent von Flüssigkeit bedeckt sein.

Je nachdem, wie sauer Sie das eingelegte Gemüse mögen, das Gefäß 3-5 Wochen bei Raumtemperatur stehen lassen, damit die Milchsäurebakterien aus der umgebenden Luft einwirken können. Probieren Sie nach ca. einer Woche erstmals den Inhalt. Sobald der gewünschte Säuregrad erreicht ist, füllen Sie das Gemüse in ein Glas mit dichtem Deckel um und lagern es kühl. Damit wird der Gärungsprozess beendet. Genießen Sie das Ergebnis mit einer Scheibe geröstetem Bauernbrot mit selbst gemachter Bohnen- oder Linsenpaste, in einem Salat, in Wigwam-Wraps, zu etwas Gebratenem aus der Pfanne oder direkt mit der Gabel aus dem Glas.

Wer mag, kann den Kohl mit Kümmel würzen.

Türkischer Zwiebelsalat

Mit der Zubereitung dieses Salates habe ich gelernt, wie man den Zwiebeln den scharfen Saft entlockt, damit sie süßer und geschmacksintensiver werden und in größeren Mengen verträglich sind als normal. Dieser Kniff macht das Gericht so überraschend mild und delikat. Ich serviere es gern zusammen mit warmem Pitabrot, Hummus Original, Falafel und Tsatsiki. Damit kann man wunderbar von Mittelmeerregionen träumen, von sonnenwarmen Mauern, einem schönen kalten Bier dazu und fliegenden Teppichen ...

4 gelbe Zwiebeln
2 TL unraffiniertes Meer- oder Steinsalz
1 TL schwarze Pfefferkörner
1 TL ganzer Kreuzkümmel
8 TL Tomatenmark
100-200 ml Olivenöl extra vergine
1 Messerspitze Cayennepfeffer
½ Tasse fein gehackte glatte Petersilie
3 EL Tamari (japanische Sojasoße)
200 ml Wasser
1 Tasse fein gehackte Gewürzgurke

Die Zwiebeln schälen und halbieren oder vierteln und auf einem Teller verteilen. Die Schnittflächen großzügig mit Salz bestreuen und etwa eine halbe Stunde ziehen lassen. Dann die Zwiebeln unter fließendem Wasser abspülen, mit einem trockenen und sauberen Handtuch trockentupfen und grob würfeln.

Salz, Pfeffer und Kreuzkümmel im Mörser zerstoßen und in einer Schüssel mit Tomatenmark, Öl, Sojasoße und Wasser zu einer glatten Soße verrühren. Die Gewürzgurke und die grob gewürfelte Zwiebel unterrühren.

Neujahrs-Hot-Pot

Natürlich können Sie mit den in diesem Rezept verwendeten Zutaten und auf diese Weise jederzeit im Jahr kochen, aber die Gewürze und die getrockneten Früchte, die ich in dieser fantastisch leckeren Mischung verarbeite, lösen bei mir Winter- und Festtagsgefühle aus. Ich habe mir einen Tajinetopf angeschafft – einen marokkanischen Tontopf mit spitz zulaufendem Deckel –, aber es eignet sich auch jede andere feuerfeste Form mit jeder Art von Deckel oder auch nur einer dicken Folie.

2 gewaschene Bio-Zitronen, in dicke Scheiben geschnitten

2 gewaschene Bio-Orangen, in dicke Scheiben geschnitten

1 kleiner Hokkaido oder anderer Winterkürbis, alternativ 2 Süßkartoffeln, in große Würfel geschnitten

3 Mohrrüben, in drei gleich große Stücke geschnitten

1 grüne oder gelbe Zucchini, in dicke Würfel geschnitten

10 Schalotten, geschält

3 chinesische Knoblauch oder 10 Knoblauchzehen, geschält

1 rote Chilischote, längs halbiert und entkernt

2 daumendicke Stücke Ingwer, geschält und in dünne Scheiben geschnitten

7-10 getrocknete Aprikosen

7-10 getrocknete Feigen

7-10 Datteln

1 Handvoll Rosinen oder getrocknete Maulbeeren

500 g Kirschtomaten

1 Bund frischer Koriander

1 Zimtstange

4 Gewürznelken

2 Samenkapseln Sternanis

10 ganze, grüne Kardamomkapseln

2 TL unraffiniertes Meer- oder Steinsalz

50 ml Olivenöl extra vergine

½ l Weißwein

geschälte Mandeln (oder Pistazien ohne Schale) zum Servieren

Heizen Sie den Backofen auf 200 °C vor und mischen Sie alle Zutaten bis auf den Wein in einer großen Schüssel. Die Mischung in eine große, feuerfeste Form füllen, den Wein angießen und mit einem Deckel verschließen (oder Alufolie abdecken). Die Form auf der mittleren Schiene mindestens eine Stunde garen lassen, ehe Sie vorsichtig den Deckel lüpfen und nachschauen, ob alle Zutaten gar sind. Servieren Sie trocken geröstete Mandeln oder Pistazien, gerne auch Minz-Raita (S. 167) oder Kokos-Chutney (S. 61) zu diesem farblichen Feuerwerk.

Trocken geröstete Mandeln

Die Mandel schälen, trocknen und bei sanfter Hitze in einer Pfanne rösten, bis sie goldbraun werden. Die Mandeln ab und zu umrühren, damit sie nicht anbrennen.

Refried beans

Wie der Name dieses kleinen Gerichtes schon andeutet, werden die Bohnen zum zweiten Mal gebraten; dabei wurden sie streng genommen vorher gekocht, ehe sie zusammen mit Zwiebeln und Gewürzen in der Pfanne landen und zur klassischen Tex-Mex-Beilage werden. Probieren Sie einen Klacks der gebratenen Bohnen in einem Wigwam-Wrap (S. 145) oder auf frisch geröstetem Brot mit Avocado, ein paar roten Zwiebelringen, etwas frischem Koriander und einem Schuss Tabasco!

3 EL Olivenöl extra vergine

1 gelbe Zwiebel, fein gehackt

3 Tomaten, enthäutet, entkernt und grob gehackt

300-400 g gekochte, braune Bohnen, z.B. Borlotti- oder Favabohnen

½ chinesischer Knoblauch (oder 2 Knoblauchzehen)

1 TL Kreuzkümmel

1 fein gehackte rote Chilischote oder 1 Messerspitze Chilipulver

unraffiniertes Meer- oder Steinsalz

1 EL flüssiger Honig

Erhitzen Sie das Öl in einer Pfanne und braten Sie die Zwiebelwürfel bei schwacher Hitze glasig an. Die grob gehackten Tomaten zugeben und ein paar Minuten mitschmoren. Knoblauch, Salz und Kreuzkümmel im Mörser zu einer glatten Paste zerreiben und in die Zwiebeln und Tomaten einrühren. Mit Chili, Salz und Honig würzen. Alles zusammen ein paar Minuten unter Umrühren köcheln lassen, ehe Sie die gekochten Bohnen nach und nach mit einer Gabel hineindrücken, bis Sie ein grobes Mus haben. Noch so lange auf der Platte stehen lassen, bis die Bohnen heiß sind und die unterschiedlichen Geschmacksrichtungen sich verbunden haben. Zum Schluss mit Salz und frisch gemahlenem schwarzem Pfeffer, etwas extra Chili und Cayennepfeffer abschmecken.

Einfache Selleriesuppe mit Mandeln

Eine delikate und vollmundige Suppe aus leckeren Herbstknollen und knackigen Mandeln.

100 ml Olivenöl extra vergine

1 mittelgroße Sellerieknolle, geschält und gewürfelt

1 große gelbe Zwiebel, grob gewürfelt

½ chinesischer Knoblauch oder 3 Knoblauchzehen

½ TL unraffiniertes Meer- oder Steinsalz

1½ l heiße Gemüse- oder Hühnerbrühe

250 g Mandeln, über Nacht eingeweicht und geschält

frisch gemahlener schwarzer Pfeffer

fein gehackte glatte oder krause Petersilie

Erhitzen Sie das Öl in einem Topf. Die Sellerie- und Zwiebelwürfel im Öl anbraten, bis die Zwiebeln glasig und weich sind. Den Knoblauch und das Salz im Mörser zu einer glatten Paste zerreiben und unterrühren. Danach die heiße Brühe angießen. Drei Viertel der geschälten Mandeln zugeben und mitköcheln lassen, bis die Selleriewürfel gar sind.

Jetzt das Ganze im Mixer oder mit dem Stabmixer zu einer cremigen Suppe verarbeiten. Mit frisch gemahlenem Pfeffer und eventuell mehr Salz abschmecken. Die übrigen Mandeln langsam in einer trockenen Eisenpfanne oder im mittelwarmen Ofen goldgelb anrösten, grob hacken und portionsweise über die Suppe streuen. Zum Schluss mit gehackter Petersilie und Pfeffer aus der Mühle bestreuen.

Weihnachtspastete

Eine wunderbare Alternative zu Leberpastete aus grünen Linsen. Das Rezept reicht für zwei Pasteten – damit Sie eine zum Verschenken haben.

250 g große grüne Linsen
2 Gemüsebrühwürfel
4 EL Olivenöl extra vergine
1 große gelbe Zwiebel, fein gewürfelt
6 Eier, verquirlt
1 kleine frische, fein geraspelte Rote Bete
½ Muskatnuss, fein gerieben
8 ganze Pimentkörner
3 ganze Gewürznelken
2 EL gemischte Pfefferkörner
1½ TL unraffiniertes Meer- oder Steinsalz
4 EL Butter plus etwas Butter zum Einfetten der Formen
15-16 ganze Lorbeerblätter und 4-5 Riesenkapern (Kapernäpfel) zum Dekorieren

Die Linsen gründlich abgespült mit den Brühwürfeln und der doppelten Menge Wasser im Topf gar kochen, bis sie fast zerfallen. Die Zwiebelwürfel in Olivenöl glasig, aber nicht braun braten. Nun die Eier verquirlen, die Rote Bete raspeln und die harten Gewürze im Mörser zerstoßen. Heizen Sie den Backofen auf 200 °C vor und fetten Sie zwei Literformen mit Butter ein.

Gießen Sie eventuell überschüssiges Wasser von den Linsen ab und stellen es beiseite. Alle Zutaten mit einem Stabmixer oder Ähnlichem zu einem glatten Mus verarbeiten, mit Salz und Pfeffer abschmecken und auf die beiden Formen verteilen. Mit den Lorbeerblättern dekorieren. Die Formen auf der mittleren Schiene in einem tiefen, mit Wasser gefüllten Backblech in den Ofen schieben und ca. 45 Minuten backen. Die Pastete ist fertig, wenn sie oben goldbraun ist und innen saftig, aber nicht flüssig. Wenn Sie einen Ofen mit starker Oberhitze haben, decken Sie die Formen gegen Ende der Garzeit mit Alufolie ab.

Zur Weihnachtspastete passen eigelegte Rote Bete, Sauerkraut, frische oder eingelegte Gurken oder frische, grüne Sprossen.

Süße Winterfreuden

Ofengebackener Obstsalat

Als glanzvolle Abrundung eines Festessens oder zur Vergoldung des Winteralltags ist dieses Dessert ein Segen, wenn die Sehnsucht nach langen, hellen Nächten und wärmenden Sonnenstrahlen am größten ist.

Außerdem bereitet sich dieses Wunderdessert ganz allein zu, während Sie ein nettes Essen mit netten Gesprächen, ein kurzes Nickerchen oder ein gutes Buch genießen.

3 EL Butter
1 Ananas
10 frische oder getrocknete Aprikosen
2 Äpfel
Saft einer reifen Limette
2 Birnen
1 Handvoll Rosinen, gerne große gelbe Sultanas
geriebene Schale einer gewaschenen Bio-Zitrone
50 ml flüssigen Blütenhonig

Dazu grob gehackte Nüsse und fetten Joghurt oder Vanilleeis servieren.

Heizen Sie den Backofen auf 200 °C vor und fetten Sie eine große, feuerfeste Form mit Butter ein. Die Ananas schälen, den Mittelstrunk entfernen und das Fruchtfleisch in mitteldicke Ringe schneiden. Die Ringe in der Form verteilen. Die Aprikosen entsteinen und die Fruchthälften über den Ananasringen verteilen. Äpfel und Birnen schälen, Kerngehäuse entfernen und in Spalten schneiden. Die Spalten sofort mit Limettensaft beträufeln, damit sie nicht braun werden, und in der Form verteilen. Die Rosinen und die geriebene Zitronenschale darüberstreuen. Den Honig darüber verteilen und mit Alufolie abgedeckt auf der mittleren Schiene ca. 50 Minuten backen. Nach etwa der Hälfte der Garzeit entfernen Sie die Folie und verteilen Sie die ausgetretene Flüssigkeit über dem Obst. Den fertigen Obstsalat etwa eine Viertelstunde abkühlen lassen, ehe Sie ihn lauwarm mit einer Schale gehackter Nüsse, fettem Joghurt oder samtigem Vanilleeis servieren.

Orangenmarmelade mit Blütenhonig

So leicht können Sie an einem kalten Wintertag die Farben des Sommers und Sonnenschein in Ihre Küche holen:

2 gewaschene Bio-Orangen
200-300 ml flüssiger Blütenhonig

Legen Sie die Orangen als ganze Früchte in einen Topf und gießen Sie so viel Wasser auf, dass die Früchte bedeckt sind. Das Wasser aufkochen und ein paar Stunden leise vor sich hinköcheln lassen. Die Apfelsinen rausnehmen, abtropfen lassen und in eine Rührschüssel oder großen Mixer legen. Den Blütenhonig dazugießen und zu einem groben Mus verarbeiten.

Genießen Sie den Duft und das sonnige Orange! Die Orangenmarmelade in zwei Gläser füllen. Eins gleich auf den Tisch stellen – mit leckerem Brot und einem kräftigen Käse dazu. Das andere mit einem ordentlichen Deckel versehen als Mitbringsel für den Nachbarn, einen guten Freund, den Schwiegervater oder für eine Esseneinladung sparen.

Weihnachtsfrüchtebrot mit Cognac

Wie es sich für einen ordentlichen Weihnachtskuchen gehört, schmeckt dieser hier am besten ein paar Tage nach dem Backen. Mein Tipp: Das Früchtebrot in dem Backpapier aufbewahren, auf dem es gebacken wurde. Die saftigen Schnitten vereinen viele wunderbare Konsistenzerlebnisse in sich und schmecken traumhaft mit Butter und kommen in der Kombination mit einem kräftigen Käse und einem Glas Dessertwein oder einem üppigen Chablis am besten zu ihrem Recht. Mein Rezept reicht für zwei Brote. Legen Sie die Formen so mit Backpapier aus, dass es sich über die Seitenränder klappen lässt und Sie die Brote hinterher zum Aufbewahren darin einwickeln können.

150 g Butter
4 EL Honig
1 Vanilleschote
2 TL frisch gestoßener grüner Kardamom
geriebene Schale einer gewaschenen Bio-Orange
4 Eier
2 Tassen (4 dl) feine Haferflocken (kurz gekocht)
5 EL zerstoßene Leinsamen
8 getrocknete Aprikosen (braune, ungeschwefelte), grob gewürfelt
8 getrocknete Feigen, grob gewürfelt – achten Sie darauf, die harten Stielansätze zu entfernen
1 Handvoll getrocknete Cranberries
1 Tasse (2 dl) grob gehackte Haselnüsse
1 Tasse (2 dl) grob gehackte Mandeln
1 Tasse (2 dl) grob gehackte Walnüsse
3 Verschlusskappen Cognac, Calvados, Armagnac oder Cointreau
Kerne von zwei Granatäpfeln

Den Backofen auf 180 °C vorheizen und zwei Formen à 1 Liter mit Backpapier auslegen. Die Butter langsam in einem kleinen Topf schmelzen und den Honig darin einrühren, damit er flüssig wird. Die Vanilleschote längs aufschlitzen, das Mark auskratzen und mit dem zerstoßenen Kardamom und der geriebenen Orangenschale in die Butter rühren. Die Eier in einer Rührschüssel schaumig schlagen und die übrigen Zutaten unterrühren, dann die Buttermischung und zum Schluss behutsam die Granatapfelkerne unterheben. Verteilen Sie den Teig auf die beiden Formen und backen Sie das Früchtebrot ca. 45 Minuten auf der untersten Schiene. Lassen Sie die Brote abkühlen, ehe Sie sie samt Backpapier aus der Form heben. In das Papier einschlagen und mit einem Tuch bedecken.

Lassen Sie das Früchtebrot mindestens einen Tag stehen, ehe Sie es anschneiden.

Orangenkuchen mit gekochten Orangen und Mandeln

Für dieses saftige Geschmackserlebnis koche ich drei ganze Bio-Orangen zwei Stunden lang. Mit einem Klecks fettem griechischem Joghurt oder Schlagsahne mit Vanillezucker und geriebener Zitronenschale der Himmel auf Erden.

3 gewaschene Bio-Orangen
250 g Mandeln
150 g Rohrohrzucker + 1 TL als Topping
1 TL Backpulver
1 TL Vanillezucker
½ TL unraffiniertes Meer- oder Steinsalz
6 Eier
geriebene Schale einer gewaschenen Bio-Zitrone
1 TL Zimt

Die Orangen in einen halb mit Wasser gefüllten Topf legen. Aufkochen und 2 Stunden leise vor sich hin köcheln lassen. Darauf achten, dass immer genügend Wasser im Topf ist und die Orangen nicht anbrennen. In der Zwischenzeit bereiten Sie den Rest des Kuchens vor. Heizen Sie den Backofen auf 190 °C vor. Mahlen Sie die Mandeln in einer Mandelmühle und vermischen Sie sie mit dem Backpulver, Vanillezucker und Salz in einer Schüssel. Die Eier mit dem Zucker in einer extra Schüssel schaumig schlagen.

Wenn die Orangen zwei Stunden geköchelt haben, zwei aus dem Wasser nehmen und einen Teil der Flüssigkeit ausdrücken. Die ausgedrückten Orangen in einer Küchenmaschine oder mit dem Stabmixer zu einem groben Mus verarbeiten. Abschließend alle Zutaten mit einem Handmixgerät zu einem glatten Teig verrühren. Vorsichtig wenig Saft aus der dritten Orange pressen und sie mit einem scharfen Messer in dünne Scheiben schneiden. Den Teig in einer gut eingefetteten Form verteilen und mit den Orangenscheiben dekorieren. Mit einer dünnen Schicht Zucker sowie einem Teelöffel Zimt durch ein feines Teesieb bestreuen. Den Kuchen 50-60 Minuten auf der mittleren Schiene backen.

Löwinnen-Birnen von meiner Namens-schwester in Bomans Garten

Safranbirnen sind ein Markenzeichen der Tausendkünstlerin und meiner Löwenherz-Schwester Camilla. Als ich nach einem Einmachrezept für Birnen suchte, lag es daher nahe, dass ich gerade Sie um Rat fragte.

Liebste Camilla!
Hier das Safranbirnen-Rezept:

2 kg Birnen
1 l Wasser
½ kg brauner Zucker
100 ml Honig
1 Bio-Zitrone – Saft und geriebene Schale
0,1 g echter Safran

Schäl die Birne, bewahr die Stiele und die Kerngehäuse aber auf. Einen Sud aus Wasser, Zucker, Honig, Safran, Zitronensaft und Zitronenschale kochen und die Birnen darin weichkochen (20-40 Minuten, abhängig von der Größe der Birnen). Die Birnen auf warme, saubere Gläser verteilen, Sud aufgießen und mit einem Deckel verschließen.

Kann direkt gegessen werden, hält sich kühl gelagert aber auch sechs Monate.

Man kann das Ganze z.B. mit Gewürznelken (zerstoßen und ganz) abwandeln, mit geriebenem Muskat und Ingwer – aber das ist nicht entscheidend für den köstlichen Geschmack. Besonders hübsch machen sich die Goldbirnen in einer Dessertschale mit liebesroten Himbeeren – frisch oder in Soßenform – dekoriert mit ein paar dunklen Schokosplittern ...

Liebe, Lebenslust und Licht, das wünsch ich dir!

Über die Tatsache hinaus, dass Camillas hübsche Safransud-Birnen im Glas fantastisch zu Schlagsahne, mit Vanillezucker und geriebener Zitronenschale verfeinert, oder zu Vanillesahneeis schmecken, sind Sie auch ein sicherer Tipp für Weihnachtsgeschenke! Und außerdem sind sie die Basis für den leckeren Endiviensalat auf S. 56.

Jubelnde Weihnachtskugeln

Die supernahrhaften Tour-Kugeln in dem Kapitel für Ausflugsrezepte (S. 137) eignen sich genauso gut für den Dessert- oder den Kaffeetisch. Und hübsch verpackt werden sie zu unwiderstehlichen, exklusiven Geschenken. Ein kleiner Schuss Cognac, Armagnac, Orangen- oder Moltebeerenlikör adelt die Kugeln. Und rollen Sie sie gerne in Kokosflocken oder Kakaopulver!

Selbst gemachtes Luxuskonfekt

Es ist immer wieder ein großes Vergnügen und ein befriedigendes Gefühl, selbst produzierte Süßigkeiten aus ausschließlich reinen, nützlichen und gehaltvollen Zutaten anbieten zu können, die der Körper braucht und die ihm guttun! Gibt es etwas Schöneres, als mit einem reinen Gewissen himmlisch gute Weihnachtsleckereien genießen zu können? Und eine größere Freude, als irgendwann im neuen Jahr, an einem kalten, grauen Montagabend, die Gefriertruhe zu öffnen und eine Dose Luxuskonfekt zu finden, die den Weihnachtsrummel überlebt hat?

Für ein Backblech brauchen Sie:

200 g rohe Kakaobutter

80 g Kokosöl extra vergine

3 gehäufte EL rohes Carob- oder Kakaopulver (evtl. eine Mischung von beidem)

1 Messerspitze unraffiniertes Meer- oder Steinsalz

Mark einer Vanilleschote

ca. 100 g Mandeln, grob gehackt

6-8 getrocknete Aprikosen, grob gewürfelt

1 Handvoll getrocknete Cranberries

ca. 100 g Walnüsse, grob gehackt

evtl. 1 Handvoll Rosenpfeffer

Schmelzen Sie die Kakaobutter und das Kokosöl im Wasserbad. Das Carob-/Kakaopulver einsieben und Salz und Vanillemark unterrühren.

Ein Backblech mit Backpapier auslegen und die Mischung gleichmäßig darauf verstreichen. Die übrigen Zutaten in einer extra Schüssel mischen und auf der auf dem Backblech verstrichenen Masse verteilen. Das Backblech in den Gefrierschrank oder nach draußen stellen, wenn es ausreichend kalt ist. Wenn die Masse hart geworden ist, kann man das Backpapier vom Blech nehmen und das Konfekt in der gewünschten Größe zuschneiden. Stellen Sie die zugeschnittenen Stückchen auf dem Papier nochmals kalt, bis sie ganz hart sind. Diese Süßigkeiten lassen sich gut im Tiefkühlfach aufbewahren und nach Bedarf portionsweise herausnehmen. Und nicht vergessen, eine Portion besonders tief ins Fach zu schieben, um die Januarüberraschung zu sichern …

Probieren Sie Varianten mit Ingwer, geriebener Zitronenschale, Chili oder anderen Trockenfrüchten oder Nüssen und entdecken Sie Ihre persönlichen Favoriten!

Annes Pracht-Pavlova mit Granatapfelkernen

Der eigentliche Pavlova – oder Baiser – kann problemlos ein, zwei Tage vorm Servieren gebacken werden, dann muss er nur trocken in einer Papiertüte oder in Backpapier eingewickelt aufbewahrt werden.

Für 6-8 Dessert-Portionen:

4 Eiweiß

200 g Puderzucker

2 TL Maisstärke

1 TL weißer Essig

Mark einer Vanillestange

200 ml Schlagsahne

200 ml Vanillesoße

geriebene Schale einer halben gewaschenen Bio-Zitrone

Kerne von 4 großen Granatäpfeln

Heizen Sie den Backofen auf 180 °C vor und legen Sie Backpapier auf ein Backblech. Das Eiweiß schaumig steif schlagen und nach und nach den Puderzucker unterrühren, bis die Masse steif, glatt und glänzend ist. Zum Schluss nach und nach Maisstärke, Vanillemark und Essig unterheben. Die Masse auf zehn Häufchen auf dem Backpapier verteilen und mit der Rückseite eines großen Löffels eine Vertiefung hineindrücken. Das Blech auf der mittleren Schiene in den Ofen schieben und die Temperatur auf 150 °C senken. Die Baisers ungefähr eine Stunde backen, bis sie außen trocken sind und Risse kriegen. Im Kern dürfen sie gern noch ein bisschen weich sein. Die Temperatur ausschalten und die Baisers mit geöffneter Backofentür abkühlen lassen.

In der Zwischenzeit schlagen Sie die Sahne steif und heben langsam die Vanillesoße und die Zitronenschale unter. Die abgekühlten Baisers auf einen Teller oder kleine Spitzenuntersetzer legen, die Vanillesahne darauf verteilen und zur Krönung die Granatapfelkerne darüberstreuen.

Rotweinpflaumen wie in New York

Ein typisches Winterrezept für Erwachsene, das ich von einem Rezept in der *New York Times* abgeguckt habe. Es ist die Quintessenz dessen, was ich mir von einem Dessert wünsche: dass es sich sozusagen selber macht, noch besser wird, wenn man es mit zeitlichem Vorlauf vorm Servieren zubereitet, und die perfekte Kombination aus exklusiven und einfachen Zutaten darstellt, himmlisch lecker schmeckt und selbst jene verführt, die behaupten, keine Naschmäuler zu sein.

400-500 ml Rotwein

Schale einer gewaschenen Bio-Orange, in breite Streifen geschnitten

2 TL schwarze Pfefferkörner

6 ganze Gewürznelken

3 Zimtstangen

1 Sternanis

4 ganze Pimentkörner

1 Vanilleschote, der Länge nach halbiert

4 EL Blütenhonig

60 g Rohrohrzucker

½ kg entsteinte Pflaumen

2 Verschlusskappen Grand Marnier oder Cointreau

Wein, Orangenschale, Gewürze und die Vanilleschote in einem großen Topf aufwärmen, ohne zu kochen. Zucker und Honig einrühren; zehn Minuten ziehen lassen, ehe die Pflaumen dazugegeben werden. Alles zusammen weitere zehn Minuten unmittelbar unterm Siedepunkt ziehen lassen. Den Topf von der Hitze nehmen und den Orangenlikör zugießen. Die Mischung zwei bis drei Stunden stehen lassen, ehe Sie den Sirup durch ein Sieb in eine Schüssel umfüllen. Die Pflaumen aus dem Sieb nehmen und in den Sirup legen. In Portionsschälchen mit Vanillesahneeis oder Schlagsahne servieren.

Rezeptverzeichnis

Register

Danke!

Ein Dank für all die überwältigend positiven Rückmeldungen zu meinen ersten beiden Kochbüchern – das war für mich unschätzbare Inspiration und eine große Motivation, erneut dieses Rad in Gang zu setzen. Dank allen Wochenend- und Sommerköchen, Marokko-Reisenden und Kursteilnehmern, die meine Zuversicht und mein Interesse am Kochen und Essen am Brennen halten! Für euch alle ist dieses Buch geschrieben!

Dank dir, liebste Therese Silkefjær, dass du da bist. Beständig. Für all die unschätzbare Hilfe und die Unterstützung dieser Arbeit und überhaupt im Leben. Für die Gedankenassistenz, die Notizen, fürs Schnippeln und Spülen, für Einfälle und Einwände und die aufmunternden und begeisterten Anfeuerungsrufe. Danke, Jarle, fürs Einweihen in die fantastische Maki-Produktion und die Grüne Kiste im Gelben Topf! Danke, Løvenoret, für hilfreiche kleine Hände. Danke, Dr. Stewart – Lowan, bester Freund – für Inspiration, Beiträge und Hilfe, für Gesellschaft und Kenntnisse, für alle wunderbaren Gaben von nah und fern. Danke, liebste Cousine Martine, für dein Interesse und die Tipps, deine Anwesenheit und dass du ein Teil meines Lebens geworden bist. Danke, Helen! Danke, liebste Namensschwester Camilla Löwenherz, für die Safranbirnen und andere Köstlichkeiten, dass du genauso bist, wie du bist. Danke, Hilde, für die Trüffelsuppe, für all die Jahre und alles Wesentliche. Danke, Kyria Katharina für all das wunderbare Essen, die guttuenden Umarmungen, unvergessliche Tage und dass ich das Foto von dir in meinem Buch verwenden durfte. Hoffentlich sehen wir uns bald auf eurer paradiesischen Insel wieder! Danke, liebe Stine, für deine traumhafte und geniale Gemüsesuppe! Danke, liebe Inger Marie, für die so inspirierende Zusammenarbeit an anderen Fronten, die diesem Buch zugute gekommen sind. Tausend Dank auch Ihnen, Antik-Sten – für Krösamaja, den weltgrößten Mörser, und dass Sie verstanden haben, dass ich und niemand anders ihn nach Hause tragen muss. Und danke, meine wunderbare Küche, für über fünfzehn Jahre der Essenszubereitung, danke, du treue Elektra – jetzt ist unerbittlich Schluss, aber die Fahrt wird spannend weitergehen. Danke, Tarzan Baghera Persson für schnurrende Begleitmusik, inzwischen bist du zu groß für den Schreibtisch, aber niemals für meinen Schoß und mein Herz. Liebe Anna, danke, dass du noch einmal bereit warst, ein Buch mit mir zusammen zu machen! Auch dieses Mal war die Zusammenarbeit mit dir vor allen Bildschirmen (mit und ohne Tee in der Tastatur) Höhepunkt und Lichtblick der Produktion, und es ist uns doch tatsächlich gelungen, ein noch schöneres Buch zu schaffen! Danke, Lars – für lange und langsame Zeit, für Frei- und Arbeitsraum, für deine stoische Ruhe und dein blindes Vertrauen! Danke Ingrid, für die Begeisterung an der Seitenlinie! Danke, Oskar, Emma und Fabian, meine geliebten Kinder, für eure Geduld und Unterstützung, für alles, was ihr an Essbarem und anderen Lebenszutaten probiert und ertragen habt – dass ich eure Mama sein darf! Ihr seid das Beste auf der Welt, ich liebe euch mehr als alles sonst – und noch ein bisschen darüber hinaus!

Danke, Mutter Erde – für alle deine Gaben und dass ich hier sein darf – danke!